文学の教材研究コーチング

長崎伸仁×桂　聖

長崎伸仁
Nobuhito Nagasaki
桂　聖
Satoshi Katsura
［著］

東洋館出版社

［目次］ 文学の教材研究コーチング　長崎伸仁×桂　聖

第3章 【学年別】文学の教材研究

第4章 文学の教材研究に求められるものとは

第1章

文学教材を どう読むか

都内のある小学校の校内研に講師として訪れたその第1回目の授業研究会が6月に実施された。教材は「スイミー」(2年)。2年間の研究主題は、文学教材を通して、「自ら考え、生き生きと表現する児童の育成」である。授業後の研究協議会で長崎は、6年の担任だという ある青年教師の表情が気になっていた。浮かない表情どころか、ときには、長崎の助言に首を横に振ったり反発の表情を浮かべたりし、ついには、顔をテーブルに沈めてしまったのである。そこで長崎は、研究協議会終了後に、その青年に声をかけた。

文学教材での教材研究のポイント

長崎　疲れていらっしゃるのですか…?

青年　えっ、どうしてですか…?

長崎　ちょっとしんどそうにされていたので。

青年　そうですか…。別にそうでもないのですが…。

長崎　それじゃあ、私の気の回し過ぎでしょうかね。

青年　はぁ…。

長崎　それとも、私の話が退屈だったのかも知れませんね。それが原因だったのかも。

青年　どうして、そう思われるのですか…？

長崎　例えば、指導案の第二次の扱いについて、「あまり細かく区切り過ぎじゃあないでしょうか」と言ったときに、あなたは、私の方に視線を送ってきましたよね。そして、「もう少し、大きく扱ってもいいんじゃないでしょうか。**子どもの力を信じてあげましょう**」と言ったとき、急にガッカリされたように思えて。それから少し気になっていました。

青年　えっ、そうでしたか。私は全然意識していませんでしたが。

長崎　そうですか。それじゃあ私の思い違いなんですね。ただ、授業者の「スイミーは、もともと勇気があったのかな…？」との発問に、私が「素晴らしいですね」と言ったときあなたは、嬉しそうな表情をしていましたよ。

青年　そうでしたっけ。いやあ、参ったな。よく見ておられますね。

長崎　やはりそうでしたか。私は、対話の達人ですから。冗談です、冗談です。しかし、気になった人をそのままにしておけない性格《タチ》なので、ごめんなさい。声をかけさせていただきました。ところで、少し時間がありますか…？　会議室などが空いていたら、少しお話しませんか…？　ちょっと、校長先生にご挨拶だけして、すぐに戻って来ますから待っていてください。

＊　＊　＊

長崎　スミマセン、お待たせしました。ところで、今、教師になって何年目なんでしょうか。

青年　6年目です。初任者のときに3年生を受け持って、その後、2、6、2、5と受け持ち、現在は6年の担任をしています。

長崎　そうですか。それではそろそろ中堅ですよね。

青年　いえいえ、まだまだです。分かっているようで、分からないことだらけです。

「スイミー」（2年）を例に

長崎　ところで、今日の研究協議会で、疑問に思われたところなどがあったら、お話してもらえませんか…？

青年　いえ特別に、って言いたいところですが、じゃあ一番気になっていることを一つだけ。先ほど先生が私の表情を読んでおっしゃったところなんですが、「あまり細かく区切り過ぎ」とか、「もう少し、大きく扱ってもいいのじゃないか」とかのところが、どうしても私には理解できなかったのです。私も「スイミー」は2回実践しましたが、2年生ですよ。子どもの力を信じてますよ。しかし、場面ごとに五つに区切って何が悪いのかが私にはどうしても分かりませんね。場面を細かく区切って扱うことが、子どもの力を信じていないということなんでしょうか…？

長崎　そうですね。結果的にそういうことになるのだろうと思いますね。

青年　どうしてですか。どうして、そう言い切れるのですか。

長崎　例えば、指導案に書かれていた単元指導計画の第二次の1時間目は、「スイミーがみんなと一緒に楽しく暮らしている様子を読み取る」となっていて、2時間目は、「マグロがミサイルみたいにつっこんできたときの恐ろしさを読み取る」となっていましたね。教科書でいえば、1ページを1時間扱いですよね。

青年　そうですよ。私だってそうした経験がありますが。それじゃあダメなのでしょうか…？

長崎　ダメというわけではないのですが、じゃあこの二つの場面を1時間で扱えないのでしょうか…？

青年　扱えないわけではないですが、普通は、二次の1時間目は楽しい暮らし、2時間目は恐ろしい場面を想像させるのじゃあないのですか。

長崎　えっ、それはだれが決めたのですか…？　そんな決まりごとでもあるのでしょうか…？

青年　「決まりごと」と言われれば自信はないですが、だいたいそうしませんか…。

長崎　要は、1場面の「明」の場面から2場面の「暗」の場面へと転換するこの「変化」を読み取らせることが重要なのではないでしょうか。そう思いませんか。

青年　確かに。そう言われればそうですが…。

長崎　そうでしょう。それを、1場面の楽しい場面と2場面の恐ろしい場面とを1時間で扱えないほど、子どもの「力」はないというのでしょうか。

青年　いいえ、そういうわけではないです。

長崎　子どもの力を信じて、1場面と2場面とを一緒に扱ってみませんか。そうすれば、1つひとつバラバラだった内容を**「関係づけて」読ませる**ことができるのですよ、と言いたかったのです。そうすることが、「明」から「暗」への変化を**論理的に読ませる**ことができる、ということになるのですね。もっといえば、「スイミー」という物語は、「明」→「暗」→「明」→「暗」→「明」（ハッピーエンド）という構成になっているのですね。だから、「→」の部分を中心に読ませると子どもたちは真剣に考えてくれると思いますよ。御校の研究主題も「自ら考え、生き生きと表現する…」ですよね。

青年　なるほど。キツネにつままれた感じもしないではありませんが、少し分かったような気がしてきました。ところで、1場面と2場面との「→」は、どのようにして繋ぐのでしょうか…？

長崎　それは、あなたが考えてください、と言いたいところですが、今日は、初対面ですから、私からヒントを差し上げましょう。例えば、「スイミー」と題名を書いた黒板の左横に、「広い海のどこかに、小さな魚のきょうだいたちが、たのしくくらしていた。」と書いたフラッシュカードを貼っておくとします。そこから、黒板の上を左に向かって「↓」を黒板の左端まで引くのですね。そして左端に、「スイミーはおよいだ。くらい海のそこを。こわかった。さびしかった。とても、かなしかった。」と書いたフラッシュカードを貼ったとします。「明」↓「暗」ですね。さて、この「↓」は、どのような発問で繋げられますか…？　つまり、黒板の真ん中にぽっかりと空いた空間部分のことです。

青年　えっと、…「↓（ここ）」で何があったのですか…？とか。

長崎　素晴らしい！　凄い！　そういうことになりますね。

青年　なるほど！　これが場面と場面とを繋ぐ「論理」ということですか。「はぁ」ですね。

長崎　そして、「スイミーと小さな魚の兄弟の『違うところ』『同じところ』は何でしょうか…？」と訊くことで、スイミーの特徴やスイミーだってもともとは勇気なんてなかったのだ

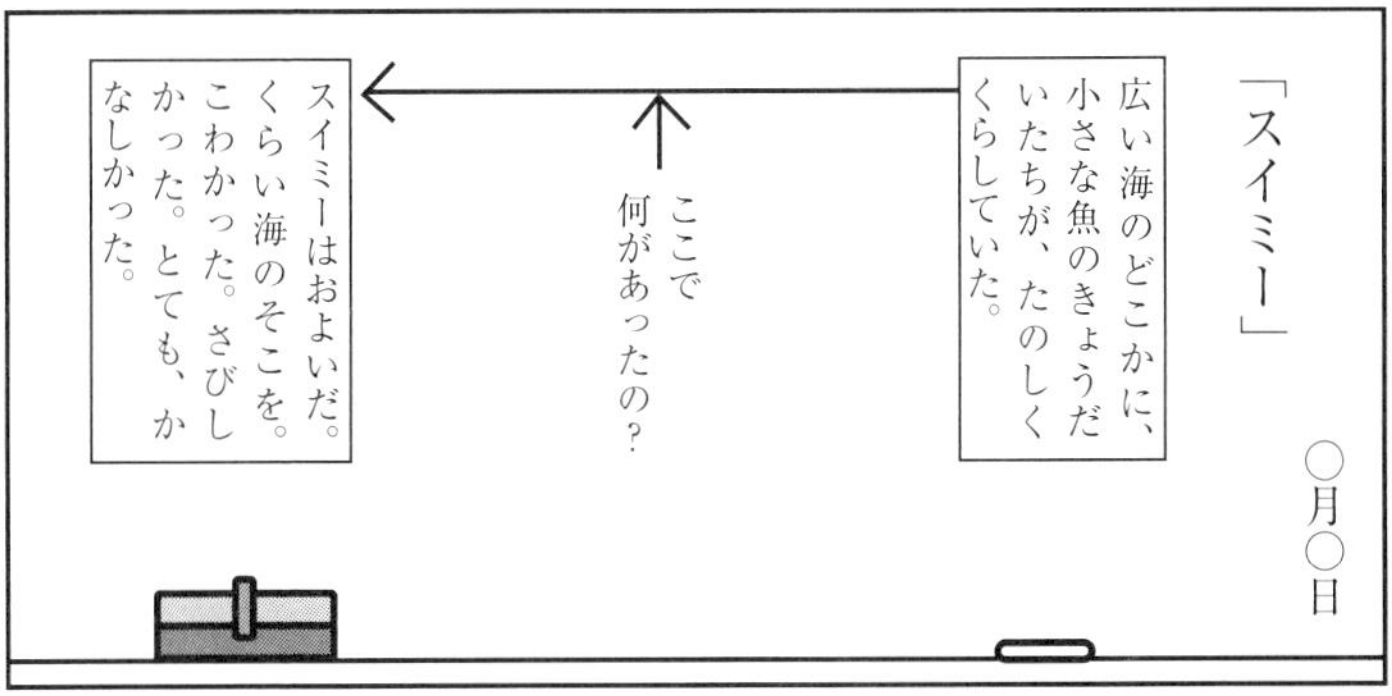

ね、ということに気づくのではないでしょうか。だから、私は、授業者の先生の「スイミーは、もともと勇気があったのかな…？」と大きく発問されたことに対して、「素晴らしいですね」と言ったのですよ。私は、このように場面を大きく区切り、大きく発問することを「小さな発問」に対して**「大きな発問」**と言っています。

青年　そうなんですか。質問に答えていただき、ありがとうございました。私なりに、教材研究と授業づくりについて、じっくりと考えてみたいと思います。

○関係づける力
＝
論理的に読む力
←
＊大きく区切り「大きな発問」で
子どもの力を信じる

6月のこの日は、こうした対話を交わし長崎は学校を後にした。別れ際に、何かあればと名刺を渡しておいたことが、次の機会に繋がることになった。1学期が終わり夏期休暇に入ったある日、研究室に青年から電話がかかった。本年度の最後の研究授業は、「海の命」で私が授業をすることになったのだが、それまでに教材研究のイロハを教えてほしいということだった。「教える」というより、一緒に学ぶことを確認した数日後、青年は研究室を訪ねて来た。

青年　先日はありがとうございました。短い時間でしたが、大変勉強になりました。やはり、分かっている「つもり」だけだったのだな、と反省しました。というより、教材研究の楽しさを初めて味わったように思いますが、まだまだ疑問点もあるので、学ばせてください。

長崎　いやいや、あなたはセンスがありますよ。なかなか、「『↓（ここ）』で何があったのですか…？」なんて、すぐには出ないですよ。やはり、６年間の積み重ねですね。ところで、「海の命」の授業はいつやるのですか…？

青年　はい、２月にやることになると思います。それまでに、２学期に「やまなし」を学年の先生方と取り組もうということになっているのですが、色々考えて、せっかく先生から声をかけていただいたので、教材研究のイロハをもう一度、教えていただきたいと思い、やって来ました。宜しくお願いします。

長崎　電話でもお話ししましたように、「教える」のではなく、「ともに学ぶ」ということでお願いしますね。

青年　分かりました。早速、宜しいでしょうか。基本的なことをお伺いして申し訳ないですが、文学教材を扱うときの教材研究のポイントってあるのですか…？

長崎　えっ…もちろんあるのですが、今まではどうしていたのですか…？

青年　もちろん、事前には教材研究はするのですが、先日は申し上げにくくて言いそびれてしまったのですが、『赤本』を使っていますから、ついつい赤本に書かれている発問に頼ってしまうのです。

長崎　『赤本』というのは、『教師用指導書』についているあの教科書に赤で書き込まれている指南書みたいなものですか…?

青年　そうですそうです。ときどき子どもから、「先生ずるい！　先生の教科書に、答えが書いている」なんてからかわれますが。

長崎　そうですか。まあ、小学校の先生は全教科を教えなくてはならないので忙しいですからね。しかし、いつもそうだと、いつまでたっても「あなたの授業」が出来ませんよね。それでは、今日は、簡単な詩教材を使って教材研究のレッスンをしてみましょうか。

登場人物—「だれ」の心情を読むのか

長崎　今から、「スイッチョ」という詩を一緒に読んでみましょう。

スイッチョ

原田　直友

夜店でスイッチョを売っていた
長い足が一本とれていますから
ぼっちゃん　お安くしておきますよ
と　おじさんがいった
ぼくは安いので買って来たのではなかった

おなかがすいたのか
スイッチョはきゅうりをよくたべた
軒につるしておいた
スイッチョはいくら待っても鳴かなかった
あきらめて床にはいると
ふいにいい声で鳴きだした

よしお　鳴いているよ

おかあさんが小声でいったが
ぼくはだまっていた
心なしかその声はあわれであった

長崎　この詩には、物語文を教材研究するときの大切な要素が全て含まれているのですよ。

青年　ということは…？　先日お伺いした「場面ごとの読み」とか「場面と場面とを繋ぐ」論理的な読みとかですか…？

長崎　さすが、学習能力が高いですね。ですが、その前に基本的なところからいきましょうか。

青年　と言いますと…。

長崎　まず、この詩に出てくる登場人物は何人ですか…？

青年　3人でしょう！

長崎　ほんとに…。3人でいいのですか…？

青年　ぼく、ぼくというのは「よしお」ですよね。それに、「夜店のおじさん」とよしおの「おかあさん」の3人です。「スイッチョ」も出てくるけど、スイッチョは虫でしょう。登場人物ではありません！

長崎　なるほど、虫は「無視、無視」ってことですか（笑）。

青年　先生、おやじギャグですか。面白くないです。真面目にやってくださいよ、ほんと（笑）。

長崎　ゴメンなさい。それでは、この詩の登場人物の中で、心情、つまり「気持ち」を考えてみたいという人物を挙げてみてください。

青年　それは、まず、「よしおの気持ち」でしょう！（この後、青年は次のような「つぶやき」をもらし始める）夜店のおじさんは「どんな気持ちでスイッチョを売っていたのか」っていうのもあるけど…いや、それよりも、スイッチョはどうして「ふいにいい声で鳴きだした」のかなあ…。「いい声」っていうのがちょっと気になるなあ…。

長崎　結論が出ましたか。

青年　私が気持ちを考えてみたいのは、「よしお」と「スイッチョ」の気持ちです。

長崎　あれ…？　さきほど、「スイッチョは虫だ」と言ったのはどこのだれだったのかな。そうですか。確かに題名も「スイッチョ」ですからね。それではあなたに訊いてみましょう。「スイッチョは、どうして『ふいにいい声で鳴きだした』のでしょうか…？」

青年　それは、よしお君からきゅうりをもらって、久しぶりにお腹いっぱい食べさせてもらったお礼のつもりで、聞きたがっていた「ぼく」の声を「いい声」で聞かせてあげたのじゃあないでしょうか。それに、夜店のおじさんよりも大切にしてくれたというのもあると思います。

長崎　そうですか…？　どこからそんなことが分かりますか…？「心なしかその声はあわれであった」と書いていますよ。

青年　「その声」というのは、おかあさんが「よしお　鳴いているよ」といった声のことじゃないのですか…？

長崎　確かに、「その声」の「その」は、直前の「声」を指す言葉ですが、まさか、おかあさんの小声を「あわれ」とは思わないのではないでしょうか。普通に考えれば、「その声」は、待っていた「スイッチョの声」ととらえるべきでしょうね。

青年　そういえばそうですよね。

長崎　とすれば、「いい声」に聞こえたスイッチョの声が、聞いているうちによしおには「あわれ」に思えたということではないでしょうか。

青年　なるほど。「いい声」→「あわれ」ですか！　「スイミー」と教材の論理は同じですね。

長崎　さすがですね。やはり、学習能力が高い！　ただ、「→」はそれだけでしょうか。

青年　そうか。「ぼくは安いので買ってきたのではなかった」「スイッチョはいくら待っても鳴かなかった」「あきらめて」「ぼくはだまっていた」という繋ぎに、全て「→」が入るのですよね。

長崎　その通りです。ということは、この詩は、だれの「目」と「心」を通して書かれた詩なんでしょうか…？

青年　よしおです。

長崎　そうです。よしおの「視点」から書かれた詩なのですね。だから、文章には、「よしお」の

○視点人物・中心人物
―文章中に心情を考える根拠がある。
○対象人物・周辺人物
―行動（やったこと）や会話（言ったこと）が書かれている。

登場人物

心情が分かる表現しか書かれていないのですね。その他の夜店のおじさんやおかあさん、そして、スイッチョも全て、行動（やったこと）や会話（言ったこと）しか書かれていないということになるのですね。ということは、「だれの心情を読む」のかといえば、文章に考える根拠のある「よしお」の気持ちに焦点化して読ませるべきだということになるのですね。この詩の場合、よしおの視点を通して書かれているから、「よしお」のことを**「視点人物」**や**「中心人物」**、その他の人物のことを**「対象人物」**や**「周辺人物」**というふうに使い分けているのですね。

青年　それはさすがの僕でも知っています。ただ、文学教材で心情を読ませるときに、視点人物にこだわらず、対象人物の心情まで読みとらせている授業をよく見かけますよ。気をつけないといけない基本的なことではあるとは思いますが、しかし…。

心情を考える「根拠」は、どこにあるのか

青年　しかし…、ですよ。先生、ちょっと待ってください。納得いかないことがあるのです。いや、納得いったところと納得いかないところがあると言った方がいいのかな。

長崎　どこが問題なのですか。

青年　この詩の場合は、視点人物とか中心人物とかが「よしお」で、よしおの視点からの詩だから、よしおの心情を考える根拠が文章の中にあるから、よしおの心情は読めるけど、それじゃあ、その他の夜店のおじさんや僕が考えてみたいと思った「スイッチョ」の気持ちは考えられないということなのですか…?

長崎　素晴らしい質問ですね。「その通りです！」と言いたいのですが、そうじゃありません。ただ、物語文でもこの基本は変わりません。例えば、「海の命」の場合、主人公である「太一」の視点を通して物語は進んで行きます。一貫して「太一」の視点から物語は展開されています。だから、太一の心情を読み解く「根拠」が文章の中に散らばっていますが、おとうや与吉じいさなどの心情を読み解くことができる「根拠」がほとんど文章中には見当たりません。だからといっても、太一以外の人物の心情を全く考えられないのかといえばそうではありませんね。

青年「海の命」を例えに出されましたか。僕はまだ教材研究をしっかりやっていないので、あまり反応はできないのですが、確かにそうですね。気になる登場人物は必ずいますね。じゃあどうすればいいのですか…?

長崎　それはですね、えっと、物語や詩を読んでいるのはだれですか…?

青年　それは読者です。

長崎　そう、読者ですよね。学級の中では…?

青年　僕のクラスの子どもたちです。

長崎　そうです。子どもという読者ですよね。その子どもたちが仮に「スイッチョ」の気持ちを考えたいというのであれば、それは無視できないですよね。あなたは先ほど私からの「スイッチョは、どうして『ふいにいい声で鳴きだした』のでしょうか…？」という質問にどのように答えましたか…？

青年　それは、よしお君からきゅうりをもらって、久しぶりにお腹いっぱい食べさせてもらったお礼のつもりで、聞きたがっていたぼくの声を「いい声」で聞かせてあげたのじゃないかとか、夜店のおじさんよりもよしお君の方が大切にしてくれたというのもあるとか、と答えました。

長崎　確かにそうでした。そう考える根拠は、文章の中にありましたか…？

青年　ありませんでした。だから先生は、文章の中に心情を考える「根拠」があるのは、視点人物や中心人物だけだ、とおっしゃったのですよね。

長崎　そうです。しかしあなたは、スイッチョはどうして「ふいにいい声で鳴きだした」のかということに対してあなたの考えをちゃんと答えてくれましたよね。その「根拠」はどこにあったのでしょか…？

青年　えっ…？　………？　えっ…と…？

長崎　その「根拠」は、あなたの中、つまり、読者であるあなた自身の中にあったのじゃあないのですか…？

青年　そうですそうです。その通りです。僕がそう考えたのです。

長崎　とすればですよ、「根拠」を文章中に見つけなくても、読者である子どもたちの中にある「根拠」を引き出してあげることだってできるということですよね。だからといって、むやみやたらと、「夜店のおじさんはこのとき、どんな気持ちだったのでしょう」とか、「このときのスイッチョは、どんな気持ちだったでしょうか」とか、「おかあさんは…?」なんて連発しちゃあダメですよ。こういった**「根拠は読者自身の中にある」**ことを、簡単にいえば、**「行間を読む」**ということになるのではないでしょうか。こういった読みは、一人で読書をしているときにはだれもが自然にやっていることですよね。

青年　なるほど、そういうことですか。

長崎　納得してもらえたでしょうか…?

青年　何となくってところですが、こういうふうに考えて間違いないでしょうか。例えば、「ぼくは安いので買って来たのではなかった」というよしおの気持ちを考えさせたいときに、「それでは、どうしてよしおは、買ってきたのでしょうか…?」と発問したとします。そのときにクラスの子どもたちから、「それは、長い足が一本とれていたから、かわいそうだと思って買ってきた」とか、「『おなかがすいていたのか／スイッチョはきゅうりをよくたべた』と書いているので、よしおは、スイッチョにおなかいっぱい食べさせてあげたかったから買ってきた」とか、「よしおは、スイッチョの声を聞きたがっているので、スイッチョはどんな声で鳴くのだろうか、興味があったから買ってきた」とかというふうに、文章の中の表現を根拠にしたり自分の考えを根拠にしたりしながらの学習活動ってありなんでしょうか。

長崎　素晴らしいですね。その通りです。この詩の場合は、「よしお」に対する発問は、直接的でいいと思います。が、例えば、「夜店のおじさんは、どうして、長い足が一本とれているスイッチョを売っていたのだろうか…？」なんて訊いても子どもたちからは、「そりゃあ、家に帰れば、小さい自分の子どもがお腹をすかせて待っているから、少しでも稼いで帰らなければならないから」といった反応があればどうしますか（笑）。

青年　そりゃあ、ちょっと困りますね（笑）。

長崎　だから、発問は「厳選」してもらいたいのですね。自分の中の「根拠」を引き出してあげるといっても、やはり肝心なのは、**文章中の「表現」**とか「文脈」に沿った発問をしてあげないと、子どもたちは「考える必然性」が湧きませんよね。

青年　またぁ先生、「文脈に沿った発問」とか**「考える必然性」**とか。何となく分かるような気もしますが、いったいどういうことですか…？

長崎　ゴメンなさい。例えば、先ほども話題になったことですが、スイッチョが「ふいにいい声で鳴きだした」のに、「心なしかその声はあわれであった」と、よしおのスイッチョの声のとらえ方が変化するのですよね。「いい声」に聞えたのもよしおだし、「あわれ」に聞えたのもよしおですよね。この「溝」を何とか埋めなければならないのですよね。

青年　それが先ほども話題になった繋ぎの「→」でしょう。

長崎　そうです、そうです。もっといえば、あなたが先ほど挙げてくれた「安いので買って来たのではなかった」→「ふいにいい声で鳴きだした」→「心なしかその声はあわれであった」などという一連のよしおの心情を考えさせてみたいと思いませんか…?

青年　なるほど、興味津々ですね。子どもたちも考えてみたいと思いますよ。きっと!

長崎　でしょう!　これが、「考える必然性」「考えてみたい必然性」ということなんです。文章を読むというのは、「関係性を読む」ということですから、こういったよしおの一連の心情をぶつ切りに読ませるのではなく、文章の流れを意識した読み、つまり、「文脈に沿った読み」をさせることにより、関係性が読めるということなんです。

青年　なるほど、これまでの私は、先ほども言いましたが、「ぼくは安いので買って来たのではなかった」とか、「ふいにいい声で鳴きだした」とか、「心なしかその声はあわれであった」などを、単独でしか扱っていなかったように思います。つまり、論理的な読みをさせていなかったということですね。論理的に読ませると、**根拠は「文脈」にもある**ということなんですよね。

長崎　一気に理解が深まったようですね。子どもたちが考える根拠は、文章中の「表現」や「文脈」にあり、読者（子ども）自身の中（「行間」）にもあるということで「ガッテン」ですか（笑）。

青年　ガッテンです（笑）

○文章中の「表現」
○文脈
○行間（読者自身の中）

人物の心情を考える根拠

長崎　今日の学びを少しまとめてみると、こういうことになるのではないでしょうか。人物を、視点人物とか対象人物とかに分けて考えることを一般的に「視点論」と言われています。

青年　それは大丈夫です。

長崎　今日の問題はここからでしたね。文章中に人物の心情を考える根拠があるのは視点人物だから、心情を考えさせるのは、視点人物に限るという論理は、あくまでも**指導者側の論理**だということになりますね。

青年　なるほど。そういうことになりますね。しかし、学習者の方は、僕も思ったように、視点人物以外の対象人物の心情も考えたいという「自由」があるということですよね。いや、そのことを指導者側は否定できないということになるのですね。

長崎　その通りです。それを仮に**学習者側の論理**だとすれば、指導者側の論理と齟齬が生じますね。

青年　確かにそうです。とすれば、視点論にも「限界」があるということになりませんか。

長崎　鋭いですね。しかしですね、その「限界」は、学習者側にとっての「限界」と考えるべきでしょうね。つまり、視点論は、「視点」を教えることには有効ではあるが、読者である学習者が視点人物以外の人物の心情を読みたいと思ったときの根拠は、文章中の表現や文脈からはなかなか見つけられずに、行間、いわゆる自分自身の中に求めることになる、ということになるのでしょうね。

青年　なるほど。読者には読者なりの論理がある、読みの「自由」「許容」が認められてしかるべきということでしょうか。

長崎　その通りだと思います。今日は、私にとってもこれまで考えてきたことを「整理」するいい機会となりました。ありがとうございました。

青年　とんでもないです。やはり、思い切って、先生を訪ねて来てよかったです。ありがとうございました。おっと、ついつい忘れてしまいそうでした。

長崎　えっ、どうされたのですか…？

青年　一つ、お訊ねして宜しいでしょうか。実は、先ほども申したように、2学期に「やまなし」の実践をするのですか、ずばり、ポイントは何でしょうか。

長崎　あなたは、どう思っているのですか…？

青年　これまでの話を繋いで考えていくと、場面ごとの読み取りばかりにとらわれずに、場面と場面という関係づけや論理にも目を向けなければならないということになるのでしょうね。

長崎　ほほう、そうですか。具体的にはどうなりますか。

青年　例えば、「やまなし」の場合は、5月と12月という二つの場面から構成されていますから、5月と12月の共通点と相違点とをクローズアップすることかな、と考えているのですが。

長崎　なるほど。それから。

青年　これまでの僕の実践だと、まず、5月の世界を読み取り、次に、12月の世界を読み取るというようにしたと思います。しかし今は、思い切って、５月と12月の世界を初めからまるごと扱ってみようかな、と思い始めています。

長崎　なかなか面白いですね。挑戦的ですね。楽しみです。ところで、M社の教科書には、資料として「イーハトーブの夢」という賢治の伝記が掲載されていますが、どのような扱いを考えておられるのでしょうか。

青年　まだ、はっきりと言える段階ではないのですが、第三次でこの伝記を扱い、賢治の他の作品と「やまなし」とを比較させることもアリかなと、おぼろげながらですが考えております。

長崎　そうですね。小学校の最終学年ですから、「作者を読む」ということも視野に入れておかれたらいいと思いますね。

青年　分かりました。学年の先生方とも相談して、前向きに考えてみることにします。ありがとうございました。

長崎　どういたしまして。ご報告を楽しみにしています。

第２章

本格的な教材研究のレッスン

―「海の命」（６年）をどう扱うか―

2学期の第2回目の校内研は、中学年部会の「三年とうげ」（3年）の授業研究会であった。終了後、青年から「やまなし」の報告と来年2月に行う本番の授業である「海の命」の教材研究をしてほしいとの申し入れがあった。「やまなし」の実践では、5月と12月で対立するものを子どもたちに取り上げさせ、「象徴」まで考えさせることができたと嬉しそうに語った。そうした学習を通して、「5月と12月は、同じ世界なのか、違う世界なのか」を最終的に論議させたということであった。また第三次では、伝記教材とともに、「やまなし」と他の作品とを比較させることで賢治の世界観に迫ったという報告も受けた。その後の「海の命」の教材研究で、青年は、改めて教材研究の深さと難しさに気づくことになった。

青年　（「やまなし」の授業報告を終えた後）先生、今から「海の命」の教材研究を宜しくお願いします。

長崎　望むところですね。楽しみにしておりました。私もそこそこ教材研究をしてきましたので、思い切りやりましょう。手加減はしませんよ。

青年　お手柔らかにお願いします（笑）。

長崎　ところで、「海の命」をこれまでに扱ったことはありますか…？

青年　ええ一度だけ。３年前に初めて６年を担任したときに。私はＭ社版の「海の命」の実践をしたのですが、Ｔ社版の「海のいのち」というのもあると聞きましたが。

長崎　よくご存知ですね。その通りです。実はこの作品は、１９９６年度版からＭ社では「海の命」、Ｔ社では「海のいのち」として６年の国語教科書に採録されたのですが、原典は、１９９２年にポプラ社から出版された絵本『海のいのち』だと言われています。

青年　そのことも伺ったことがあります。立松和平さんはその後、『街のいのち』や『田んぼのいのち』、そして、『川のいのち』『木のいのち』『牧場のいのち』などを絵本として出版され、「いのちシリーズ」とか言われていますね。

長崎　よく知っていますね。

青年　それほどではありません。全て読んだわけではないのでお恥ずかしいのですが、「海の命」を扱われる先生は、「いのちシリーズ」も同時に扱いながら、「読書単元」とした実践をちょくちょく見かけるもので、記憶に残っているだけのことです。

「海の命」（M社版）と「海のいのち」（T社版）

長崎　そのようですね。それもまたありですね。ところで、今回の教材研究は、M社の教科書を使っていらっしゃるようですから、M社版の「海の命」を使って教材研究をしましょう。大した違いもないようですから。

青年　分かりました。が、先生、後学のために教えていただきたいのですが、「大した違いもない」とおっしゃいましたが、違っているところもあるのでしょうか…？

長崎　それは、ご自分で調べてみてください、と言いたいところですが、「いじわるな人間」と思われても何なので…簡単にね。

青年　ありがとうございます。助かります。

長崎　一番の大きな違いは、タイトルでしょうね。M社版は、漢字で「海の命」となっていますね。T社版は、絵本と同じで「海のいのち」とひらがなになっています。これをどのように扱うかは、それこそ授業者の意図次第でしょうね。叙述での大きな違いは、M社版にある「母が毎日見ている海は、いつしか太一にとっては自由な世界になっていた。」という一文が、T社版にはないということです。どちらが原典の絵本に忠実かどうかは、ご自分で確かめてくださいね。あと1つ違っているのは、場面構成ですかね。

青年　えっ…どういうことですか…?

長崎　M社版には一行空きがあって、場面構成がはっきりしているということですね。T社版にはこの一行空きはありません。あとは、表記の違いでしょうか。漢字表記とひらがな表記の違いや漢字にルビが付いていたりいなかったり、また、読点の打つ位置が違っていたりしますが、それほど大きな違いではないと思います。

青年　ありがとうございました。私も絵本と2社の教科書とを見比べてみたいと思います。こういった地道な研究もこれから心がけていきたいと思います。

「語り手」の存在

長崎　さて、やりますか!　まずは、登場人物の確認からにしましょう。だれが出てきますか…?

青年　それは、主人公の「太一」と「太一の父」と太一の漁師の師匠である「与吉じいさ」、それに「太一の母」です。

長崎　そうですね。太一を含め太一の周辺にいる人物でこの物語は構成されていますね。となると、視点人物（中心人物）はだれになりますか。
青年　それは、太一でしょう。この物語は、最初から太一の視点で書かれておりますから。
長崎　なるほど、そういうことですね。正確に言うと、「海の命」は、三人称視点の形式をとっており、その**語り手**は、いつも太一の意識に寄り添い、太一の知りうる範囲のみを読者に提供しているということでしょうね。
青年　えっ、まあそういうことだと思いますが…。視点は一貫して「太一」という三人称視点の形をとっているということは分かります。ただ、「語り手」は太一の意識に寄り添い、ということは何となく分かるのですが、もう少し詳しく話してくださいますか。
長崎　そうか、文学教材の場合の「語り手」については、まだ触れていませんでしたか。
青年　はい。何となくは分かっているつもりなのですが…。
長崎　「スイッチョ」を思い出してみてください。作者はだれでしたか。
青年　確か、原田直友だったと思います。
長崎　そうでしたね。詩の中に「ぼく」が登場しましたね。この「ぼく」は、作者の原田直友さんですか…？
青年　いや、三人称で登場する「よしお」が「ぼく」ですから、作者の原田直友さんではないと思います。

長崎　そうですよね。とすると、作品の中に作者は登場していない、ということになりますよね。

青年　もちろんです。それくらいは私にだって分かりますよ。

長崎　とすれば、「スイッチョ」という詩や「海の命」という物語の中に入って、「物語っていく」のはだれなんでしょうか…？　「海の命」での冒頭は、どうなっていますか。

青年　「父もその父も、その先ずっと顔も知らない父親たちが住んでいた海に、太一もまた住んでいた。」となっています。そうか、太一の視点で展開されていく物語ではあるが、こういうふうに**物語っていく人**がいるということなのですね。それが、「語り手」ですか。なるほど！

長崎　その通りです。

青年　この冒頭の一文の後は、「季節や時間の流れとともに変わる海のどんな表情でも、太一は好きだった。『ぼくは漁師になる。おとうといっしょに海に出るんだ。』子どものころから、太一はこう言ってはばからなかった。」と続くにつれて、**語り手は、太一の意識に寄り添いながら、物語を展開していく**、ということになるのですよね。

長崎　素晴らしい！　飲み込みがはやいですね。そういうことです。視点人物（中心人物）が太一だとすると、対象人物（周辺人物）は、おとう、与吉じいさ、太一のお母さん、ということになりますね。

青年　そうだと思います。

長崎　これら３人の人物は、太一に何らかの影響を与えた人物だと考えて宜しいでしょうか…？

青年　その通りだと思います。えっ、どうしてあえてそんなことを訊くのですか…？
長崎　いえいえ、ここで確認しておかないと、後でややこしくなりますからね。
青年　……。

物語の「主題」

長崎　ところで、この物語のテーマというか、主題は何だと思いますか…？
青年　ズバリ！　太一の成長物語だと思います。このことをきっと先生から質問があるだろうと思って、考えてきておりました。
長崎　なるほど。もう少し詳しく言ってくれますか。
青年　つまりですね、太一の父の「海のめぐみ」という漁師としての心得や、与吉じいさの「千びきで一ぴき」という海に対する教えや畏敬の念などから、おとうの「かたき」だと信じて疑わなかったクエに対して、「大魚はこの海の命」だと思えるほどに太一は成長した物語だということです。
長崎　なるほど。本当にそう思っていますか…？

青年　思っていますよ。一度しか実践していないですが、３年前の実践でもそのようにとらえて授業をやりましたし、これまでに参観した「海の命」の実践の多くも同じような展開だったと思います。そして、そんなにたくさんは読んでいませんが、出版されている「海の命」の実践論文でもほぼ同じようだと思います。

長崎　あなたは、成長されましたね。

青年　急に、どうされたんですか。気持ち悪いですよ。

長崎　初めの頃は、『赤本』とかどうとかおっしゃっていたじゃないですか。だから私はてっきり、『教師用指導書』には、「海の命」の主題は、こう書いているとか言い出すのじゃないかと予想していたのですが、全てこれまでの経験や教材研究を通して、ご自分の言葉で語っているので、「成長されたなあ」なんてふと思ったのですよ。

青年　そういうことですか。そういう意味では、ちょっとは成長したかなあ、と思います（笑）。

長崎　成長を見込んで、一つ訊いていいですか…？

青年　どうぞ。

長崎　**作品の「主題」**って、いったいだれのものですか…？

青年　急にそう言われても…。

長崎　ゴメンなさい。それじゃあ、具体的にお訊きします。三択です。主題は、①作者のもの　②出題者のもの　③読者のもの　のうちのどれでしょうか…？

青年　…先生、これって、滅茶苦茶難しい質問ですよ。
長崎　えっ、どうしてですか…？
青年　本来は「作者のもの」だとは思いますが、直接作者から聞いたわけでもないし、テストで仮に「主題は何か」と問われれば、出題者の意図を読もうとしますし、かといって、その作品を読んだ読者によってとらえ方が違うだろうし…。よく分かりません。
長崎　そうですよね。やはり、あなたは成長されていますね。
青年　いやいや、そうじゃないんです。実は、今は、先生の質問の「意図」を読んで、そう答えただけです（笑）。先生とお会いするまではたぶん、「主題は作者のもの」と間違いなく答えていたと思います。出題者もたぶん、作者の意図を読もうと思っているからです。
長崎　なるほど。ということは、学級で「この教材の主題は何か」と子どもたちに訊く場合は、「教師の意図」を読ませるということになるのですよね。
青年　…ということになるのでしょうか。そういうことを考えると、教材研究をしっかりやらなきゃあいけないですよね。そして、むやみに「この教材の主題は…？」なんて訊けないですよね。
長崎　その通りですね。たぶん、今やっている「海の命」の主題でも、「作者の意図」を読もうとしてもあなたと私とでは決して同じにはならないと思いますね。だから、**小学校と中学校の平成20年版の学習指導要領の国語から「主題を読む」ということが消えた**のでしょうかね。
青年　えっ、そうなんですか。知りませんでした。ビックリです。

長崎　ともあれ、主題を扱うときは慎重にしなければならない、ということを確認した上で、話題を、「海の命」の主題に戻しましょう。あなたと私とで、どのような違いがあるのか、楽しみになって来ました。
青年　そんなに違いはないと思いますが。
長崎　そうだといいのですが。さきほどあなたは、この物語は、「太一の成長物語」、つまり、「太一の成長譚《たん》」だと言いましたよね。
青年　はい、確かに。
長崎　それでは、太一に一番影響を与えた人物はだれだと思いますか…？
青年　う～ん、与吉じいさか、おとう…私は、ずばり「与吉じいさ」だと思います。
長崎　そうなんだ。どうして…？
青年　この物語は、太一の漁師としての成長譚だからです。おとうの漁師としての精神は受け継いでいますが、太一が漁師になる前におとうは亡くなっています。「村一番の漁師」に成長し、海に対する畏敬の念などを直接教わったのは与吉じいさからだからです。
長崎　まあ、そういうことでしょうね。ところで、太一の「母」の「は」も出てこないのは、どうしてです

主題の扱いは慎重に

○主題は、
①作者のもの？
②出題者（教師）のもの？
③読者のもの？
○小・中の平成二〇年版学習指導要領から消えた「主題」の指導事項

か…？

青年　えっ、どうしてって…太一のお母さんの叙述は確か、２か所だけですよね。「ある日、母はこんなふうに言うのだった。」の所と、最後の「母はおだやかで満ち足りた、美しいおばあさんになった。」の所だけですよね。

長崎　そうです、そうです。

青年　えっ、まさか先生は、太一に一番影響を与えた人物は、「太一の母」だと考えているのですか…？

長崎　ばれましたか。その通りです。

青年　信じられません！　「まさか」です。どうしてそんな滅茶苦茶な「読み」ができるのですか…？　２か所しか登場しないのですよ。それも、太一と直接かかわる場面は、「おまえが、おとうの死んだ瀬にもぐると、いつ言いだすかと思うと、わたしはおそろしくて夜もねむれないよ。おまえの心の中が見えるようで。」の会話文だけですよ。それは、あり得ないと思います。

長崎　冷静に、冷静に。

青年　私は、冷静です。先生こそ、冷静に考えてください。

長崎　私は冷静に考えるからこそ、母の存在がとても気になるのです。じゃあ、お訊きしますが、「この大魚は自分に殺されたがっている」「この魚をとらなければ、本当の一人前の漁師にはなれないのだ」と直前まで思っていた太一が、どうして、その大魚を「おとう」にすり替えてしまったのでしょうか…？

青年　お答えしましょう！

長崎　すごい自信ですね。

青年　もちろんです。先生の考えを根底から覆してみせますから。

長崎　頼もしい！　どうぞどうぞ。

青年　茶化さないでください。私は真剣なんですから。まずですね。「これが自分の追い求めてきたまぼろしの魚、村一番のもぐり漁師だった父を破った瀬の主なのかもしれない。」とありますから、おとうの「かたき」だとはっきりしていない、ということです。仮におとうの「かたき」の大魚だったとして、泰然自若としたその態度に接して、太一は「我に返った」というか、「海に帰っていった」おとうとクエとを重ねることによって、殺さないで済んだということだと思います。つまり、おとうも「海の命」ととらえ、大魚も「この海の命だと思えた」とあるように、この両者を重ねる必然性が太一にはあったということですよ。

長崎　なるほどね。

青年　分かってくださいましたか。

長崎　あなたのおっしゃりたいことは、よく分かりました。つまり、泰然自若とした大魚を前にして、「水の中で太一はふっとほほえみ、口から銀のあぶくを出した。もりの刃先を足の方にどけ、クエに向かってもう一度えがおを作った。」というところで太一は、おとうのことやひょっとして与吉じいさのことを思い出した、ということを言いたいのですね。
青年　そうです。その通りです！
長崎　そうなんだ。じゃあそのときに、なぜ母のことを思い出さなかったのですか。このとき仮に、「おまえが、おとうの死んだ瀬にもぐると、いつ言いだすかと思うと、わたしはおそろしくて夜もねむれないよ。…」という母の言葉を思い出していたとしたら、どうなりますか…？
青年　それは…。
長崎　いや、私はあなたの考えを否定しているのではないのですよ。父の「かたき」を討ちたいとずっと願ってきた太一が、その「かたき」を目の前にして、これほどの大きな心情の変化があったのは、あなたが言うように太一が「我に返った」のだと思いますよ。それは同感です。その我に返った瞬間に、太一は「おとう」と言わざるを得なかったのはなぜか、ということですよね。それはどこにも書かれてはいません。読者が推察するしかないですよね。文章には、「太一は瀬の主を殺さないで済んだのだ。」と書かれていますが、これは、太一の「村一番の漁師」という自負心がそう言わしめているのだともとらえられませんか…？　もっと言えば、太一の真意は、クエとの戦いを「避けた」ととらえられませんか…？　もっと言えば、クエとの戦いから「逃げた」…は、言い過ぎでしょうか…？
青年　え〜え、「逃げた」はないでしょう！　「避けた」ですか…？　いやはや、教材研究って、難しいですね。改めて、実感しています、今。

長崎　ところであなたは、最後の場面の「母はおだやかで満ち足りた、美しいおばあさんになった。」という叙述は、ある方がいいと思いますか、それともなくてもいいと思いますか…？

青年　先生は時々、おかしなことを言いますね。ちゃんと書いて「ある」のになぜ、「なくてもいいのか」と訊くのですか…？

長崎　いや、今、動揺しているあなたの心情に、さらに追い打ちをかけてみたくなっただけですよ（笑）。

青年　いやあ、先生！　ほんと、性格が悪いですね。

長崎　いやいや、私の欠点は、「優し過ぎる」ことだけですから（笑）。

青年　今、そんなこと言われてもギャグにもなりませんよ。それはそうと、私は、やはりこの叙述はあった方がいいと思いますね。それは、太一の「その後」を語る中に、必要だからです。村の娘と結婚し、４人の子どもを育て、その上、お母さんも幸せに暮らしている、ということがあれば、ホッとしますね。

長崎　それだけですか。

青年　先生、逆襲ですか…？

長崎　いやいや、「おまえが、おとうの死んだ瀬にもぐると、いつ言いだすかと思うと、わたしはおそろしくて夜もねむれないよ。おまえの心の中が見えるようで。」という母の言葉→「『おとう、ここにおられたのですか。また会いに来ますから。』こう思うことによって、太一は瀬の主を殺さないで済んだのだ。大魚はこの海の命だと思えた。」→「母はおだやかで満ち足りた、美しいおばあさんになった。」ということは密接に関連しているとは思いませんか、と言いたいだけなのです。あえて言うと、なぜ、母は、「おだやか」で、「美しい」おばあさんになった、のか、というのが妙に気になるのですよ。

青年　なるほど、そう言われれば、すごく気になりますね。私にとっては新たな「視点」です。いや、ワクワクしてきました。

長崎　でしょう。今、この物語のテーマや主題について考えているのですが、たとえ、「太一の成長物語」がテーマであったとしても、その「成長」の内実は、働く男だったおとうや与吉じいさだけでなく、母の存在も私には見え隠れしているんですよ。つまり、「家族愛」なんてことも…。そう思いませんか…?

青年　確かに。そう言われれば…。

長崎　続けていいですか…?

青年　どうぞ。

長崎　追い打ちをかけるようでちょっと気が引けるのですが、今から私が言うことを聞きますか。それとも聞きたくないですか。

青年　ちょっと待ってくださいよ。何の話をされようとしているのかも分からないのに、私に「聞きたいか」「聞きたくないか」を判断させるのですか…?「追い打ちをかける」とか「気が引ける」

とかとあえておっしゃるのですから、私には、耳が痛い話なのでしょうね、きっと。

長崎　いいや、そうじゃないです。が、ちょっとショックが大きいかなと思ってね。

青年　ショックが大きい…いや、どれだけショックが大きいか分かりませんが、聞きましょう！是非、聞かせてください。

長崎　了解しました。実は、こういう話があるのですよ。

青年　…。

長崎　「『あんな幸せな男はないばい。今ではクエになって海ん底ば泳いでいるんじゃなかろうかねぇ』／あの事故があってから、母は何度も何度も同じことをいった。父の死をまわりの人に納得させてまわっているようないい方であった。納得させたかったのは自分自身であったろう。」「『どうしてお父の瀬にいっちょるたいね』」「『あそこには魚がおる。与吉爺さはあの瀬に魚を飼い付けしちょるばい』」「『お父の敵をとろうと考えちょること、おっ母にはお見通しよ。お父でさえ敗けたクエよ。半人前のお前にどうして敵打ちができるね。そんなことば考えちょると、おっ母は夜も眠れんばい』」「昼の光が縁先に跳ねていた。その向こうには光る海がある。海はまるで光でできているかのようだった。命あふれる海だが、死の海でもある。太一は母親に心の底まで正確に見ぬかれていることに改めて驚いた。母は息子の死を案じているのである。」

　ある物語の一部を抜いて読んだのですが、いかがでしょうか。

青年　先生、それ何なんですか…？　ショックですよ。大ショックですよ。

長崎　だから、言ったでしょう。

青年　その物語は、「海の命」の原作ですか…？

長崎　ご名答！　その通りです。参考程度に、ちょっとここでお話しておきましょうか。

青年　はい、宜しくお願いします。

「海の命（いのち）」の原作「一人の海」について

長崎　ところで、「海の命」の教材研究に入る前に、教科書に採録された**2社の「海の命（いのち）」**には原典があるっていう話をしましたね。

青年　ええ、**絵本として出版された『海のいのち』**（ポプラ社）でしょう。

長崎　そうです、そうです。教科書に採録されたのが1996年度版からですが、絵本の『海のいのち』は、1992年に出版されているということはお話しした通りなのですが、それ以前に立松和平は、「一人の海」という短編小説を書いているのですよ。

青年　そうなんですか。その短編が「海の命（いのち）」の原作ということですか…？

長崎　そういうことなのですが、実は、「一人の海」が生まれるにはちょっとしたエピソードがあるようです。

青年　えっ、エピソードですか。それはどんな…。

長崎　集英社の『少年ジャンプ』の編集長などから、立松さんは、「少年文学を復活させたいのです」と言われたというのです。少年文学というと、『ガリバー旅行記』や『ロビンソン・クルーソー漂流記』『トム・ソーヤの冒険』などが有名ですが、日本には少女文学はあるが、少年文学はないということに思い至った立松さんは、少年文学を書くことを引き受けたというのです。

青年　それが、「一人の海」っていうことですか…？

長崎　そういうことです。この「一人の海」という短編少年文学は、1991年8月21日号の『ジャンプノベル』という雑誌の創刊号に掲載されたのです。その後、立松さんは、海をテーマに同じ雑誌に1992年に「父の海」、1993年に「海鳴星」という作品を発表されています。

青年　立松さんはその後、絵本で「いのちシリーズ」を出版されていますから、短編少年文学の皮切りは、「海シリーズ」だったのですね。なるほど！　ところで、その「一人の海」が、どうして、「海の命（いのち）」の原作だと言えるのですか…？

長崎　そうでした。そこが一番の問題ですよね。ひと言で言えば、テーマも内容もそして、登場人物もほとんど同じだということです。もちろん、「海の命（いのち）」よりもずっと分量は多いですから、「海の命（いのち）」では太一の周辺に登場する人物が省かれていたり、会話文などがカットされていたりはしますが、主要な人物である「太一」や「太一の父」「与吉じいさ」「太一の母」の存在は、何ら変わっておりません。

青年　へぇ、そうなんですね。とすると、先ほど先生がおっしゃった太一と太一の母との絡みの部分は、原作の「一人の海」には「ある」ということなんですか…？

長崎　先ほど申し上げた部分ですか。おっしゃる通りです。

青年　そのほか、どんなところが原作とは違っているのですか…？

長崎　またぁ、すぐに答えを求めたがりますね。あなたの悪いクセですね（笑）。「一人の海」は、『海鳴星』（集英社）という本に海シリーズの他の2作品とともに収録されていますから、手に入れて自分で読んでみてください。

青年　分かりました、そうします。が、気になってしょうがないので、今日は、太一の母にまつわる部分だけでも教えてもらえないでしょうか…？　だって先生は、太一に一番影響を与えた人物は、「太一の母」じゃないかなんて匂わせるのですから…。

長崎　…そうですか。それじゃあ簡単にね。見せるつもりはなかったのですが、そこまで言われれば、現物を出すしかないですね（長崎は、カバンの中から『海鳴星』（集英社）を取り出す。）。

青年　先生、人が悪い！　その本が、原作の「一人の海」が載っている本ですか…？

長崎　そうです。この本がそうなんですが、あなたが、もう少し詳しく聞きたいというもんだから。メモっている以上のことを訊かれるとは思わなかったからね（笑）。

青年　50ページくらいはありますね。これを教科書版では12ページに短縮しているのですから、相当省かないとダメですよね。

長崎　でしょう。だから、母にまつわる部分が大幅にカットされた、ということは考えられますね。結論から言えば、「一人の海」では、母にまつわる部分は、全体で13か所あります。「海の命」の場合は、何か所でしたか。

青年　2か所だけです。

長崎　そうでしたね。クライマックスまでは…?

青年　「『おまえが、おとうの死んだ瀬にもぐると、いつ言いだすかと思うと、わたしはおそろしくて夜もねむれないよ。おまえの心の中が見えるようで。』太一は、あらしさえもはね返す屈強な若者になっていたのだ。太一は、そのたくましい背中に、母の悲しみさえも背負おうとしていたのである。母が毎日見ている海は、いつしか太一にとっては自由な世界になっていた。」

　この1か所だけです。

長崎　そうですよね。それが、「一人の海」では、実に12か所もあるのです。それも、1か所が長いのです。同じ場面を読み上げてみましょうか。ちょっと長いですよ。

青年　大丈夫です。お願いします。

長崎　（長崎は、以下の部分を音読し始める。）

★原作「一人の海」（1991年）
←★原典「海のいのち」（1992年）
←★教科書「海の命（いのち）」（1996年）

「海の命（いのち）」が収録されるまで

いよいよその時が近づいたことを太一は悟った。与吉爺さの喪が明けるのを待って太一は海にでたが、いつもの太助瀬は太一にとってはっきりと表情を変えていたのだ。だが、表面的には何も変わらず太一は飼い付け漁をつづけていた。変わらないと思っていたのは太一だけなのかもしれない。太一が漁から帰ると、昼食の支度をすませて待っていた母親が少し悲しそうな表情をしていうのだった。

「おっ母は心配で心配でたまらんばい。いい若い衆になったのに、同輩とも遊ばんと、女の子にも目をくれんと、海ばかり見ちょる。お前の一途さが恐ろしか」

井戸で顔と手を洗ってきた太一は、母の正面にあぐらをかき、うちわで顔をあおいだ。風に海のにおいがあるのが心地よい。

「俺の何が恐ろしいとか。俺は真面目な漁師ばい」

「若い衆らしい遊びがあるでしょうが」

「遊んどっても、ちぃともおもしろなか。海がよかばい。海はそのへんの女よりもずっとよかばい」

「そげんいうちょっと、おっ母は何もいえんね。お前の考えは度が過ぎちょろう」

母は飯を盛り付けてくれる。太一が一人前の稼ぎをするようになってから、母は太一の帰宅にあわせて炊きたての飯を食べさせてくれるのだ。

「毎日海にいってきちんと漁をしてくるに、なぜ度が過ぎちょるか」

「おっ母は、お前がお父の瀬に潜るといついいだすかと思うと、恐ろしゅうて夜も寝られん。お前の顔にはそげん言葉が書かれちょる」

太一は母と何度同じ会話を交わしたことだろうか。自分を思ってくれる母の気持ちが嬉しくないはずはないのだが、太一としてもここまでつちかってきた信念を曲げる気はなかった。太一は嵐さえも跳ね返す屈強な若者になっていたのだ。その逞しい背中に、太一は母の悲しみさえも背負おうとしていたのである。

長崎　どうですか、ご感想は…？

青年　…なんも言えねぇ…。

長崎　えっ？　だれかのモノマネですか（笑）

青年　いやいや、そうですか。母にまつわるこのような叙述が、全体で13か所もあるのですか…？　ビックリですね。

長崎　ちょっと勘違いされると困るのですが。

青年　えっ、どういうことですか…？

長崎　「海の命」の原作がたとえこうであったとしても、私たちはあくまでも、教科書の「海の命」を子どもたちとともに学ぶのですよ。しかし、こういった原作があるということを知っているのと知らないのとでは、扱いは大きく違ってくるでしょうね。少なくても、これまでのような「母の存在」の扱い方はしないでしょうね。クライマックスでは、特にね…。「今ではクエになって…」なんて言葉が母親の口から飛び出しているのですからね。

青年　なるほど！　衝撃的ですね。ところで、主題の話に戻すと、「太一に一番影響を与えた人物はだれか…」と仮に子どもたちに振ったとして、「おとうや与吉じいさ」ととらえる子と、「母」ととらえる子とでは違った主題になりそうですね。

長崎　そうですね。だから、主題を問うことは、慎重であるべきなのですね。そうでないと、教師の主題を押しつけてしまいがちになってしまいますね。大切なのは、学習者が、そう考える根拠と理由づけが大切だということです。何を、どこを根拠にしているのか。そして、そこから自分はどのように考えたのか、を引き出してあげることが大切ではないでしょうか。

青年　よく分かりました。混沌としていたことから一歩抜け出た気分です。学習活動の輪郭が、少し見えてきたように思います。

青年はこの後、具体的な指導の在り方についての質問を立て続けに振ってきた。教材研究から導き出した発問や学習活動は、授業の作り方に直接かかわることになる。そこで、「場面の区切り方」「発問の在り方」「授業構成の在り方」「理想的

「な板書の在り方」「指導目標の立て方」など、ありとあらゆる教えるための手立てを貪欲に訊ねるのだった。が、果たして…。」

場面の区切り方

青年　それではこれからは、具体的な指導の在り方についてお訊ねしたいのですが、宜しいでしょうか。

長崎　どうぞ、何なりとお聞きください。そうした中で、教材研究がいかに大切かを、さらに分かってもらえれば有り難いですね。

青年　まずお訊ねしたいのは、**場面の区切り方**についてです。といいますのは、先生と初めてお会いした「スイミー」の校内研のときに、先生から「場面は、できるだけ大きく区切る」ということを教えていただきましたので。あのときから私の授業づくりの考え方が変わって来ているように思えるのです。

長崎　そうでしたね。あのときは私に反発しておられましたからね（笑）。私もよく覚えております。

青年 スミマセン。反発ってことはなかったつもりなんですが、「あまり細かく区切り過ぎじゃあないか」と言われる意図がよく分からなかったですから…。

長崎 そうでしたね。その後少しお話してから、あなたと私との現在があるようなもんですからね。

青年 ありがとうございます。ところで、場面の区切り方の「基本」というのはあるのでしょうか…?

長崎 文学教材の場合の教材の区切り方の基本は、大きく分けて、「縦に切る」か「横に切る」かだと思います。

青年 えっ、もう少し具体的にお願いします。

長崎 M社の「海の命」の場合、一行空きがあってあらかじめ、6場面に区切られています。こうした**場面ごとに区切る**ことを**「教材を縦に切る」**と言っております。かといって、場面ごとに、6時間扱いにするかどうかは別ですが。

青年 なるほど、スイミーのときと同じように、小さく扱うか大きく扱うかの違いですね。

長崎 その通りです。あと一つは、全文を視野に入れて、**全文を貫く「課題」**をいくつか立てて、課題に沿った学習を展開することを**「教材を横に切る」**と言っているのですが、イメージできますか…?

青年　だいたい…例えば、「太一はどんな性格なのか」という課題なら、教材を横に切ったということになるでしょうか…？

長崎　素晴らしい！　その通りです。こういったいくつかの課題を毎時間立てながら、教材の本質に迫っていくのです。

青年　やっと分かってきました。何か、今まで喉元につかえていたものが、スッと落ちて楽になったような気がします。

長崎　それはよかったです。じゃあ、一つ問題を出してみましょうか。

青年　えっ？　まさか、私を試そうと…

長崎　そんなつもりはありませんが、「分かったつもり」じゃあ困りますからね。この際、一気に「分かった！」と、自信をもってもらいたいのでね。いいですか…？

青年　はい、心して。

長崎　「海の命」は、6場面に分かれています。これを4時間扱いで読み取らせたいと考えました。さて、教材をどのように縦に切ればいい扱いができるでしょうか…？　持ち時間は5分です。はい、考えてみてください。

青年　（青年は、真剣に教材を読み始めた。静寂の時間が流れる。）

長崎　はい、ちょうど5分がたちました。宜しいでしょうか。

青年　先生、5時間扱いじゃあダメでしょうか…？　5時間なら何とかなるのですが…。

長崎　それじゃあ、先に「5時間案」をお聞きしましょう。どうぞ。

青年　はい。まず、1場面と6場面をどう扱うかを考えたのですが、この二つの場面は、前後の場面とくっつきにくいのです。1場面は、「太一と父との関係」だし、6場面は、「太一のその後」だし。だから、この二つの場面は、単独で扱うことにしました。

長崎　なるほど！　説得力がありますね。

青年　問題は、2場面から5場面の扱いですが、悩みましたが、ハッと気づいたんです。それは、2場面も3場面も「太一と与吉じいさとの関係」だってことに。2場面は、太一が与吉じいさに弟子入りして教えを受けている世界が描かれ、3場面は、その与吉じいさの下で太一が成長していく姿と与吉じいさの最期を看取る世界が描かれているため、この二つの場面を同時に扱えば、「関係づける力」を育てられると考えました。

長崎　素晴らしいですね。短い時間なのによくそこまで考えられましたね。やはり、あなたは、成長しましたね。

青年　ありがとうございます。仮にここまで、「よし」としてですよ。残りは、4場面と5場面ですよ。5場面は、太一の母親が登場し、6場面は、あのクライマックスですよ。クライマックスは、やはり単独扱いじゃないとダメなんじゃないかと…。それとも、2場面から4場面まで一気に扱うとか…。

長崎　そうですか、やはりそこで躓きましたか。無理もないですよね。クライマックスですからね。ところで、4場面と5場面とで、つながることってありませんでしたか…？

青年　そりゃあ、ありますよ。例えば、4場面には「とうとう、父の海にやって来たのだ。」と書かれていて、5場面ではその海で、かの父親のかたきと思える大魚に出会うのですから。

長崎　そうですよね。それだけですか…？

青年　まだ、ほかに何かあるのですか…？

長崎　太一のお母さんのことは…？

青年　…。

長崎　さきほど、お話したじゃないですか。思い出してみてください。

青年　…大魚に出会って対峙したときに、太一の心情が急に変わったのは…ですよね。あっ、そうか！　ここで太一は、何を思い出し、何を思ったのか…でしたよね。ああ、なるほど。だったら、4場面と5場面とは一緒に扱う必然性が生まれますよね。

長崎　ただですね。どのような場面の区切り方をするのかは、あくまでも、指導者の意図次第ですから。もっと言えば、学級の子どもたちの実態によって考えるべきものですから、一概に、「この扱いは正しい」とは言えないのですよ。私から言えることは、**「小さく扱う」よりも「大きく扱う」**

○**教材を縦に切る**
＝場面ごとに区切る
←
＊「小さく扱う」よりも「大きく扱う」
○**教材を横に切る**
＝全文を貫く「課題」

場面の区切り方

方が、授業の充実度は高くなり、子どもたちの国語学力にもいい影響が出るということなのです。

青年　ああ、やっぱりまだまだですね。勉強になりました。

長崎　さて、あなたは、最終的には「縦に切った」扱いをするか、「横に切った」扱いをするか、ですね。楽しみにしています。

青年　考えてみます。あとで、ご報告します。

発問の在り方

青年　今日、一番お訊きしたかったことなのですが、「発問の作り方」についてです。これまでに、「視点論」についてお伺いし、人物の心情を問う場合、文章中の表現や文脈に根拠があるのは、視点人物（中心人物）で、学習者があえて対象人物（周辺人物）の心情を考えたいとしたり、指導者があえて対象人物の心情を考えさそうとしたりするときは、根拠は文章中にはないが、自分の中、つまり行間から心情を考えさせるしかない、ということを学びました。

長崎　そうでしたね。基本はそうでしょうね。

青年　「発問」というのは別に、「人物の心情」を読み取らせることばかりではないのですが、あえてこのことを先に教えていただきたいのですが。

長崎　何べんも言うようですが、教えるのではなく、ともに考える、のでしたよね。

青年　そうでした。ともに考えさせてください。

長崎　了解です（笑）。人物の心情を考えさせる発問には、大きく分けて二つありますよね。

青年　と、言いますと…。例えば、「太一は、このときどんな気持ちだったのでしょうか」というように、視点人物の心情を**直接問う発問**が一つでしょうか…？

長崎　その通りです。学習能力が高いですね。

青年　「スイッチョ」の詩をやったときに、確か、「どうしてよしおは…」とか、「夜店のおじさんは、どうして…」とか、人物の心情に直接迫る発問を例えとして出されていましたし、普段の授業では、だいたい、心情を直接問う発問ばかりです。

長崎　なるほど。じゃあ、あと一つは…？

青年　「直接」の反対だから、「間接」ですか…？

長崎　なるほど、「間接的に問う」ですか。できますか…？　ありうるとは思いますが。「スイッチョ」で、実際に発問を作ってみてください。

青年　…

長崎　難しいでしょう。じゃあ、私が一つ作ってみましょうか。学習者が、スイッチョの気持ちを考えてみたいという実態を知った指導者が、よしおを通してスイッチョの心情に間接的に迫るという発問に挑戦してみましょう。

青年　興味津々ですね。お願いします。

長崎　行きますよ。「いくら待っても鳴かなかったスイッチョが、ふいにいい声で鳴きだしたとき、よしおには、スイッチョが何と言って鳴いているように聞えたのだろうか」っていうのは、どうでしょうか…？

青年　はぁ、確かに間接的にスイッチョの心情に迫っていますね。お見事です！

長崎　いやぁ、褒めてもらえましたか（笑）。ありがとうございます。ただ、これは、「スイッチョは、どうしていい声で鳴きだしたのでしょう」なんて発問を「死んでもしたくない」という私の強い思いの表れですが、難しいですよね。

青年　「死んでも」ですか。

長崎　比喩的に言えば、そうですね。それくらい私には、対象人物の心情は、直接問いたくない、という強い思いがあります。ところで、あと一つ、というのはですね。間接ではなく、「逆接」です。つまり、「直接問う」ことの逆接で、**「直接問わない」**という発問の在り方です。

青年　「人物の心情を直接問わない」発問で、人物の心情に迫る、ということでしょうか…？

長崎　その通りです。つまり、**「人物の心情を直接問わない文学の授業」**ということです。

青年　そういうことになりますね。難しそうですね。

長崎　そんなことはないのですが、「難しそう」と言われることはママありますね。しかし、「〇〇はこのとき、どんな気持ちだったのでしょう」なんて発問を連発するのだったら、教材研究なんていらないのじゃないでしょうか。

青年　確かに。それと、子どもたちから「また、気持ちかぁ」なんて静かなる反発があるかも知れませんですね。

長崎　それじゃあ一つ、実際に、直接問わずして人物の心情に迫る発問を作ってもらいましょうか。

青年　えっ、またですか…？　先生は、いつも突然なんだから。

長崎　突然だから、力がつくのですよ。いいですか。行きますよ。

青年　分かりました。「スイッチョ」ですか…？「海の命」ですか…？

長崎　「海の命」です。確か先ほど、２場面と３場面とを１時間扱いにするとおっしゃいましたですね。

青年　はい。「太一と与吉じいさ」繋がりです。

長崎　そうでしたね。３場面では与吉じいさの死が描かれていますね。そのときの太一の心情が、次のように述べられています。「悲しみがふき上がってきたが、今の太一は自然な気持ちで、顔の前に両手を合わせることができた。」この叙述を踏まえて、２場面と繋がるように、太一の心情に迫って

○人物の心情を「直接」問う発問
「間接」に問う発問もあるが…
⇔
●人物の心情を「直接問わない」発問を！

文学教材での発問

みてください。あくまでも「直接問わない」ことが条件です。

青年　そう来ましたか…。ちょっと考えさせてください。

長崎　頑張ってください。

青年　（頭をかきながらも、表情は真剣そのものである。）

（突然、笑みを浮かべながら）これでいかがでしょうか。

長崎　できましたか…？

青年　はい！　これまでなら私は、「このときの太一は、どんな気持ちだったでしょうか…？」と発問していたと思います。しかし、2場面と3場面とを繋げて考えるということを意識すると、なぜか、「今の太一は」という表現が妙に気になり始めました。そこで、例えば、「今の太一は、前の太一とは違うのか」で、いかがでしょうか！

長崎　なるほど。太一の心情を直接訊ねていないし、しかも、2場面と3場面とを繋げた発問になっていますね。素晴らしいですね。

青年　ありがとうございます。ホッとしました。「直接問わない」という縛りがかかると、なぜか、見えて来るものがあるように思います。ところで先生、2場面と3場面とを1時間で扱う場合、この発問は、どちらかと言うと、この時間の「核心」部分ですよね。1単位時間での発問の「軽重」ってあるのでしょうか…？

長崎　ビックリですね。

青年　えっ、どうされたのですか…？

長崎　あなたから、それこそそういう「問い」が来るなんて想像しておりませんでしたから、ビックリしました。

青年　いや、私にとっては自然な「問い」なのですが。といいますのは、１単位時間を「導入」「展開」「終末」というように分けて考えると、まあ、学級の実態にもよるのですが、「導入段階」で、あまり「重い」発問は避けたいと考えているのです。かといって、いつもいつも前から順に叙述に沿って読み取らせていくのも全然盛り上がらない、と悩んでおりました。

長崎　なるほどね。そういう悩みは、先生方には多いのでしょうね。じゃあ、これから、「小さな発問」と「大きな発問」についてお話をしましょう。

青年　先生、そのことは以前、「スイミー」のときにお聞きしましたが…

長崎　そうでしたね。覚えていますよ。今日は、**「小さな発問」**というのは、**「確認する発問」**で、**「大きな発問」**には**「広げる発問」**と**「深める発問」**とがあるということまでお話しておきましょうか。徐々に徐々にですね。

青年　そうでしたか。分かりました。お願いします。

長崎　２場面と３場面とを一緒に扱うとき、導入段階では音読をしますよね。そのとき、音読する前に、子どもたちに音読を聞きながら考えておいてほしい発問をしますよね。あなたなら、この場面ではどのような発問をしますか…？

青年　えっとですね、例えば、「2場面と3場面には、どんなことが書かれているか考えながら聞いていてください」とか。

長崎　なるほど。それでもいいですね。書かれている内容を「確認」する発問と考えていいですね。私なら例えば、同じ確認する発問でもズバリ、「2場面と3場面との違いをひと言で表現するとどうなるかを考えながら聞いていてください」かな…。

青年　なるほど。太一が与吉じいさの弟子になって修行している場面と与吉じいさの死を、一気に確認できますね。

長崎　その後ですね。授業の「核心」に迫るその前段階です。太一の視点から、2場面・3場面を「広く」とらえさせたいのです。いかがですか。

青年　それは、私なりに考えていました。たぶん、先生からそのように振られるのじゃないかと思っていましたので。2場面のキーワードは、与吉じいさの「千匹に一匹」発言だと思います。そして、3場面は、「おまえは村一番の漁師だよ」というやはり与吉じいさの発言がキーだと思いますから、私なら、「太一は、与吉じいさからどんなことを教わったのだろうか」としたいと考えておりました。

長崎　なるほど、確かに「大きな発問」ですね。いいですね。「大きな発問」が身についてきたって感じですね。太一の心情に迫る前に、太一は与吉じいさとの日々を太一の五感でどのようにとらえていたのだろうか、と私は思うのですね。

青年　五感ですか…？

長崎　そうです、五感でです。私なら、「2場面・3場面で、太一は、何を見て、何を聞いたのか」としたいのですが、いかがでしょうか…？

青年　そんな発問、私は初めてです。この発問なら確かに、太一に同化して、太一が見たり聞いたりしたことを全て吸い上げることができますよね。まさに「広げる発問」ですね。

長崎　発問のねらいの一つは、学習者が**表現しやすい**、ということです。広げてあげることによって、文章中から根拠を見つけ、表現に結びついてきます。そして、**全員参加の授業**にも繋がってきますよね。

青年　確かにそうですね。教材によってこのような発問の可能性も生まれてくるのですね。

長崎　一単位時間での発問の「軽重」が見えてきましたか…？

青年　見えてきました。「小さな発問」（確認する発問）から入り、「大きな発問」の「広げる発問」に繋げて、最後は「核心」部分での「深める発問」で締めるということですよね。スッキリとしました。ありがとうございました。

長崎　私はまだスッキリとはしていないのですが。

青年　えっ、どういうことですか…？　核心部の「深める発問」は、「今の太一は、前の太一とは違うのか」でしょう。そうじゃないのですか…？

長崎　あなたが先ほど取り上げた与吉じいさが太一に言った「おまえは村一番の漁師だよ。」という言葉を、太一はどのように受け止めていたのかが妙に気になるのですが…。気になりませんか…？　ここがこの場面での核心部分だと私はとらえているのですが。

青年　とすると、先生、ここは私に考えさせてください。お願いします。

長崎　えらい乗り気ですね。頑張って考えてみてください。

青年　（しばらく考えたあと）先生、これでいかがでしょうか。「村一番」という表現は、もう一か所出てきます。それは、クライマックスの場面の5場面で、「村一番のもぐり漁師だった父を…」の表現です。そう父のことを意識している太一だから、与吉じいさから「おまえは村一番の漁師だよ。」と言われたことをどのようにとらえているのかが気になります。そこで、私は、この場面の最後に、子どもたちに、「村一番の漁師だと与吉じいさに言われて、太一は嬉しかったのだろうか…？」とか、と問いたいと思います。

長崎　完璧ですね。よく考えましたね。私もそう子どもたちに訊きたいと思います。まさに**「刺激的な発問」**であり、**「判断でしかける発問」**ですね。

青年　えっ、先生、それってどういうことですか…？

長崎　あっ、失礼しました。先ほど、徐々に徐々に、と言ったのですが、あなたがそれこそ「核心」の発問にズバリ迫ったので、ついつい言ってしまいました。「深める発問」といっても、とき

> ○小さな発問（確認する発問）
> ○大きな発問
> 　・広げる発問
> 　・深める発問
> 　＊刺激的な発問
> 　＊「判断」でしかける発問（学習者に「判断」を促す発問）

発問の種類

には、「刺激的な発問」や教師から「判断」でしかける発問が必要だと思います。学習者にとっては、「判断を促される」わけですから、子どもたちは「思考」し、「判断」し、そして、「表現」していくのですね。

青年　ありがとうございました。もう満腹状態です（笑）。

青年教師は「満腹状態」だと言ったが、体は「空腹状態」だった。それもそのはず、既に午後8時を過ぎていた。お腹の状態はともかく、中学年部会や研究部の先生方との懇談の後だったため、「すぐ終わるだろう」と予想していた先生方にとっては、なかなか終わりそうにない雰囲気を感じてか、ドアをノックする回数が増え始めていた。積み残した課題は、長崎の研究室で、ということになり、青年が再び研究室を訪れたのは、冬期休暇に入ってすぐのことだった。

授業構成の在り方

青年 先日はお時間をとっていただき、ありがとうございました。

長崎 あの後、大丈夫でしたか…?　先生方がだいぶん心配されていたようでしたが。

青年 スミマセン。ご心配をおかけして。大丈夫です。先生方には、「やまなし」の授業の報告をするだけですから、と言っておりましたので心配をかけてしまいました。「海の命」の教材研究が、あまりにも面白いもので、ついつい長くなってしまい、先生にもご迷惑をおかけしてしまいました。

長崎 私はいいのですが。仲間との関係は大切にしてくださいよ。頼みますよ。

青年 はい、分かっています。普段は、和気あいあいですから、大丈夫です。ところで、今日は、「授業の作り方」や「目標の立て方」などについてお願いします。

長崎 そうですね。積み残していることがあったのですね。

青年 まずお訊きしたいのは、授業の作り方についてです。一つ目は、発問で授業を作っていくと、「教師主導」の授業と言われますよね。とすれば、発問で作る授業はダメなのかということです。二つ目は、最近よく「アクティブラーニング」とか言われ、子ども主体の授業を作るために、活動的な要素を取り入れることを要求されます。この２つのことについて、先生のお考えを聞かせていただけるでしょうか。

長崎　私の考えを、ですね。そう言われると気が楽になります。今までのように教えていただけるでしょうか、ではないのですね（笑）。

青年　そう言うと、いつも「ともに学ぶでしょう」なんて言われて来ましたから。この点については、相当、学習能力が高くなりました（笑）。

長崎　**発問で作る授業**は、「子ども主体」の授業ではなくて、「教師主導」の授業かと言えば、そうは言い切れません、と言うのが私の結論です。しかし、そうなる可能性もある、ということは確かです。そうならない「子どもとともに作る授業」になる可能性も大いにあるということも確かです。

青年　つまり、やり方によって違ってくるということでしょうか…？

長崎　その通りです。例えばですよ。先日、あなたと私で一緒に発問を考えた２・３場面の授業の流し方を例にして考えてみましょうか。覚えていますか…？

青年　もちろんです。あれ以降、全然進んでいませんが、メ

○**「教師主導」の授業**
＝
発問で追いかける授業

○**子どもとともに作る授業**
＝
子どもの発言を「問い」にする授業

発問で作る授業

モを整理しておりますから大丈夫です。

長崎　それでは、主要発問を順に、このホワイトボードに書いてくれますか。

青年　分かりました。（青年は、以下のことをホワイトボードに書いた。）

①　2場面と3場面との違いを、ひと言（または一文）で表現するとどうなるか。

②　2場面と3場面で、太一は何を見て、何を聞いたのか。

③「今の太一」は、「前の太一」とは違うのか。

④　村一番の漁師だと与吉じいさに言われて、太一は嬉しかったのだろうか。

長崎　（①の（　）の中の「または一文」は、長崎が付け足した。）

これら4つの発問を、教師が「それでは次の質問をしますよ」なんて言いながら、①から④まで教師からの質問責めにすると、これは間違いなく**「教師主導」の授業**と言えますね。こういった授業のことを私は、**「発問で追いかける授業」**と言っております。

青年　なるほど。私も以前はこういった授業をやっていたことがありますね。

長崎　今は違うのですか…？

青年　ここまではないと思います。

長崎　どう違うのですか…？　具体的に言ってくれますか…？

青年　そうですね。一つの発問ごとに、子どもたちがその発問で、どのような反応をするのかをある程度シミュレーションするようにしています。

長崎　例えば…

青年　①の発問ならば、「Ａ児：２場面は、太一が船の上で与吉じいさから色々教わった話で、３場面は、その与吉じいさが海に帰った話」とか、「Ｂ児：太一は、２場面では、与吉じいさから『千匹で一匹』の話を聞き、３場面では、『おまえは村一番の漁師だよ』と言われたことが大きな違い」なんてことをシミュレーションするようになったことですかね。

長崎　授業づくりの基本がちゃんとできていますね。やはり、６年間の積み重ねですね。ところで、そういったことをどうされるのですか…？

青年　子どもたちの発言のほとんどを板書します。

長崎　それからは。

青年　ある程度のところでケリをつけ、次の②の学習活動に移りますかね。

長崎　それじゃあ、もったいないですね。板書のことは後ほど話題に挙がると思いますが、板書は書き過ぎるとダメですね。私なら、Ｂ児の「千匹で一匹」「村一番の漁師」を強調すると思います。そして、次の②の活動に繋げるでしょうね。

○「個」で始まり「個」で終わる授業
（個→対話・グループ・集団→個）
↓
○学びの実感・成長の実感が「自覚」できる授業構成を

授業構成の在り方

例えば、「Bさんは、太一が与吉じいさから聞いたことを比べてくれたんだけど、その他、太一は何を聞き、何を見たのかな…？」のように、子どもから出た発言を次の学習活動の「問い」とすると思います。そうすることによって、教師だけで作るのではなくて、**子どもとともに作る授業**になると思うのです。

青年　シミュレーションするまではできていたのですが、確かにもったいないですね。**子どもの発言を「問い」にする**ですか。これから心がけるようにします。

長崎　二つ目の質問は何でしたか…？

青年　活動的な要素の取り入れ方についてです。

長崎　そうでしたね。私は、一単位時間での学習過程、つまり授業構成は、**「個」で始まって「個」で終わる授業**が理想的だと考えています。初めの「個」と終わりの「個」の間に、アクティブラーニングというか、対話学習やグループ学習等があっていいと考えております。

青年　なるほど。それはどういうお考えからですか。

長崎　そうですね。子どもたちには、**「学びの実感や成長の実感」を「自覚」**してほしいからです。つまり、まず自分自身（個）の「考え」を持たせたいのです。その「個の考え」が対話や話し合いにより、他者の考えに触れることにより刺激をもらい、最後に「個に戻す」ことにより、学びや成長の実感を自覚できるのではないかと考えているのです。

青年　先ほどの2・3場面の学習を例に、少し、分かりやすく説明していただけるでしょうか。

長崎　逆に、私から質問しましょう。2・3場面の①～④の活動で、「個」だけの考えだけでもOKという活動はありますか。

青年　そうですね。①と②の活動は、確認したり書いてあることを文章中から拾い上げたりすることがメインの活動だから、①と②は大丈夫だと思います。

長崎　じゃあ、③と④の活動はいかがでしょうか。

青年　やっかいなのは、④の活動だと思います。この活動は、できればグループ等を組織させて協同で考えさせたいと思います。③の活動は、一対一の対話学習を取り入れてもいいかな、と思いますが。

長崎　私の考えと同じですね。しかし、その場合でもまず、短い時間でもいいので、まずは、自分の考えをノートとかに書いてから**対話学習や協同学習**へと進ませたいですね。そして、④の活動の後は、個に戻してあげて、振り返りをさせるというのが理想だと思います。

青年　今すぐにでも授業がしたくなりました（笑）。次にお訊きしたいのは「板書」についてなんです。理想的な板書なんてあるのでしょうか…？

長崎　そんなに矢継ぎばやに…。ちょっと休憩しましょう。

理想的な板書の在り方

青年　スミマセン。コーヒーまで煎れていただいて。

長崎　どういたしまして。しかし、あなたの意気込みは凄いですね。どうされたんですか…？

青年　実は、先日の「三年とうげ」の研究授業の後、先生と遅くまで話していたじゃないですか。あの後、研究主任の先生から、「来年は、あなたに研究主任をやってもらうかも知れないよ」なんて驚かすのですよ。

長崎　6年目のあなたにですか…？

青年　来年度からは7年目になるのですが、「もう転勤の時期だし、それにまだ20代だし、無理です」とは答えておいたのですが、実は、今の研究主任は、3月末で定年退職されるのです。

長崎　それは、責任重大ですね。頑張ってください。

青年　いやいや、きっと悪い冗談ですよ（笑）。それでは、板書について、先生のお考えを聞かせてください。宜しくお願いします。

長崎　そうですね。板書ほど難しいものはないですね。それは、教材研究の成果がそのまま板書に反映されますからねぇ。それに、いくらこちらが子どもの反応をシミュレーションしていても、思いもつかない反応が突然飛び出すことがありますからね。私も小学校教員時代に相当、板書には悩まされたものです。

青年　先生が小学校教員をされていたのは何年ほどですか…？

長崎　担任をしたのは確か、15年間だったと思いますね。初めの頃は悲惨でしたね（笑）。子どもの言ったことを、それこそ黒板いっぱいに書き殴っていましたからね。

青年　そうですか、先生でもそうなんですね。

長崎　例に漏れず、ってことですね。だれもが通る道だと思っています。

青年　ところで、板書って、ひと言で言うと、どんな働きがあるのですか…？

長崎　あなたは、どう思っているのですか…？

青年　それはまず…。

長崎　まず…。

青年　子どもの発言を目に見える形にすること…かな。

長崎　確かに、教室の中で板書だけは、子どもと教師の目に見える共有物ですよね。だから、子どもの発言を、全て、黒板に書いてあげる、ってことですか…。

青年　初めの頃はそうでした。ある子の発言は書いて、ある子のは書かないとなると、どうしても気が引けてしまいますから。

長崎　だれしもが通る道ですよね。それじゃあ大変でしょう。

青年　あるとき、ある先生から、「書き過ぎ」と指摘されてから、少し、整理して書くようになったのですが。

長崎　整理って、どうされたのですか。

青年　どうしても同じような発言が出るじゃないですか。その場合は、〇〇ちゃんの意見とよく似ているよね、なんて言って書かなくするようにしたのです。そうすると、だいぶん書く量が減りました。

長崎　なるほど。板書の働きは、子どもの発言を「整理」すること、ってことですね。ほかにありますか…？

青年　…。

長崎　じゃあ、反対の意見、真逆の意見が出て来たときはどうしますか…？

青年　ビックリしますが、だいたい、そのまま板書しますね。

長崎　それじゃあ、「整理」していないじゃないの。

青年　そういうことですか。

長崎　そうですよ。発問に対して、子どもたちの反応をシミュレーションするんでしょう。そうしたら、真逆の発言が出ることくらい予測しているってことでしょう。先ほど私は、**教材研究の成果がそのまま板書に反映される**、と言ったのはこのことなんですよ。Aという考え、Bという考え、そして、Ｃという考えまで出そうだ、と判断したら、「板書計画」の段階で、３つの考えを書く場所くらいはあらかじめ確保しておかないとダメですね。

青年　そうなんですか…まったくできていませんでした…スミマセン。

長崎　いやいや、あなたを責めているのじゃないのですよ。板書の働きで一番大切なのは、**子どもの発言を価値づける**、ってことかも知れませんね。

青年　価値づける、ですか。

長崎　そうです。価値づける、です。例えば、子どもの考えをＡ、Ｂ、Ｃに書き分けてあげるだけで、自分と同じ考えの仲間と違う考えの仲間とを、子どもたちは目に見える形で「類別」できることになるのではないでしょうか。こういった板書のことを私は、**「立体的な板書」**と言っております。

青年　「立体的な板書」ですか。なるほど。それでは、子どもの発言を時系列にただ黒板に書き連ねることは、「平面的な板書」ということになるのですか…？

長崎　鋭いですね。その通りですね。こういった**立体的な板書をすると、子どもの思考が深まる**のですよ。つまり、子どもたちは、先生の発問によって、自分の考えを発表しますよね。思考がどんどん広がって行きますね。ああいう考えもあ

＊教材研究の成果がそのまま反映される
○子どもの発言を「整理」すること
○子どもの発言を「価値づける」こと。
↓
子どもの思考が深まる

板書の働き

る、こういう考えもあるって。こういった子どもたちの自由な発言を先生が黒板で何気なく類別して書いていく。そこで、あるチャンスをねらって、「ちょっと黒板をみてください。何か気付いたことはありませんか…?」って訊ねるのですね。子どもたちはきっと気付いてくれると思います。Aの考えとBの考えとCの考えがあるということをね。

青年　なるほど！　何か、マジックを見ているようですね。

長崎　マジックですか、面白いことをおっしゃいますね（笑）。

青年　ところで、その「立体的な板書」には、色々種類があるのでしょうか。

長崎　そうですね。現段階で、私が大学での模擬授業やときどき実際の授業をやらせてもらって類型化しているのは、**①類別型板書　②対比型板書　③循環型板書　④包摂型板書　⑤問答型板書　⑥穴埋め型板書　⑦移動型板書　⑧スケーリング型板書　⑨割合型（円グラフ等）板書**の九つです。

①類別型板書
②対比型板書
③循環型板書
④包摂型板書
⑤問答型板書
⑥穴埋め型板書
⑦移動型板書
⑧スケーリング型板書
⑨割合型(円グラフ等)板書

立体的な板書の類型

青年　今、例に出していただいたのが、「類別型板書」ですよね。あと一つくらい、具体的に教えていただけると嬉しいのですが。

長崎　教えるのではありませんよ。ともに…（青年「学ぶのですよね」と横から口を挟む。）そうですね。せっかくですから、「海の命」の2・3場面の④活動を取り上げてみましょうか。

青年　宜しくお願いします。

長崎　④の活動は、「村一番の漁師だと与吉じいさに言われて、太一は嬉しかったのだろうか」という課題でした。そこで、「スケーリング型板書」を使ってみましょう。「太一は嬉しかったのか、それとも嬉しくなかったのか」を、①～⑩までのスケーリングを使うのです。子どもたちは、自分自身で、文章の表現や文脈等の根拠に基づいて「判断」すると思います。そして、その判断を、①～⑩の横に、自分の名前シールを貼っていくのです。アクティブラーニングを取り入れた国語の授業でもありますね。

青年　なるほど。こういった方法なら、子どもたちは楽しみながらも意欲的に取り組めますね。これまで考えたこともありませんでした。ありがとうございました。

長崎　是非、試してみてください。これまでの板書とこれからの板書とで、子どもたちにどのような変化や影響が出るのか、私も楽しみにしています。

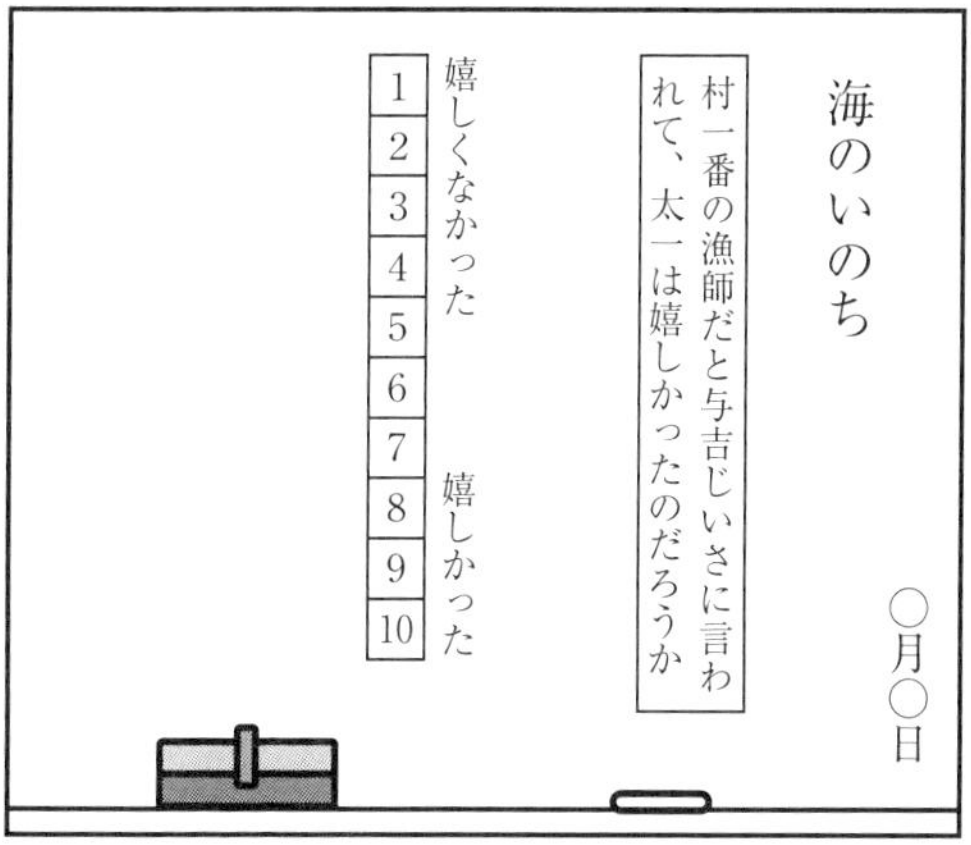

指導目標の立て方

青年　まだまだ、子どもの発言のさせ方や発言の価値づけ方など、お訊きしたいことがたくさんあるのですが、キリがありませんので、とりあえずこれを最後にしたいと思います。

長崎　さて、最後は何でしょうか…？

青年　最後にお訊きしたいのは、「指導目標の立て方」や「設定する時期」についてです。

長崎　ほぅ、これは意外でした。しかし、大切なことですよね。

青年　この質問を最後にしたのは、実は理由があるのです。私もそうだったのですが、学年などで教材研究をするときに、なぜか、単元の指導目標や、ときには本時の指導目標が最初に決まっているのです。これから教材研究をしようというときに、指導する目標が既に決まっているって、これってアリなのかな、とある時期から疑問に思うようになったのです。どうなんでしょうか…？

長崎　なるほどね。確かにそうですよね。通常、教材研究をしながら初めて教える内容が決まってくるのですよね。その前に指導目標が決まっているということは、ちょっと考えられませんですね。

青年　そうでしょう！　ただ、先生方の多くは、教師用指導書を参考にされますから、どうしても「指導目標が先にありき」になってしまうのだと思います。先生とお会いしてから私は、極力、教師用指導書を見るのを控えているため、あれ…？　と思い始めたというわけです。

長崎　そういうことですか。「ある時期から疑問に思うようになった」というのは、そういうことだったのですか。それは素晴らしいことですね。

青年　私のこの疑問は正しいのでしょうか…？

長崎　基本的には正しいでしょうね。ただですね。私は、教材研究の方法には、二通りあると考えているのですよ。一つは、**「ボトムアップ型」教材研究**で、あと一つは、**「トップダウン型」教材研究**です。

青年　またぁ、先生、最後に難しいことを言いだして、嫌ですよ。ここまではある程度順調に来たのですからね。

長崎　いやいや、最後だから難しくしたいのじゃなくて、最後だから、**二通りの教材研究の方法**を知っておいてほしいのです。

青年　分かりました。宜しくお願いします。

長崎　あなたと一緒に「スイミー」や「スイッチョ」「やまなし」などの教材研究のレッスン的なことをやり、「海の命」で、本格的な教材研究をやって来ましたね。

青年　その通りです。間違いはございません。

長崎　なのに、今になって初めて「指導目標」の話題になるのか、不思議と思いませんか。

青年　確かに、不思議といえば不思議ですね。

長崎　でしょう。どうしてだと思いますか…？　あなたが、あえて、最後にこの話題を取り上げようとしたからなんてことは抜きですよ。これまでに、私からも何の話題にもしませんでしたよね。どうしてでしょうか…？

青年　…これまでの教材研究は、「ボトムアップ型」教材研究だったからなんておっしゃりたいのですか…？

長崎　えっ、どうして分かるのですか…？

青年　えっ、合っているのですか。そうなんですか。当てずっぽう、というか、先生のお話の文脈から意図を読んだだけです。

長崎　見事に意図を読まれましたね（笑）。その通りなんです。実は、これまであなたとやって来た教材研究は、**教材の特性を指導に生かそう**といった**「ボトムアップ型」教材研究**なんです。つまり、教材の特性を見極めたとき、学習活動がクローズアップされてくるというわけです。

青年　そういうことだったのですね。それでは、「トップダウン型」教材研究っていうのは、どういう方法なんですか…？

長崎　そうですね。その逆と考えてもらえればいいのでしょうか。例えば、平成20年版学習指導要領の各学年の「読むこと」の指導事項を言えますか…？

青年　だいたいは…。文学の指導事項は曖昧模糊としていて分かりづらいのですが、低学年はたぶん「登場人物の行動を中心に」で、中学年は「登場人物の性格や気持ちの変化、情景など」で、高学年は「登場人物の相互関係や心情、場面についての描写」などだったと思います。

長崎　凄いですね。私でもそんなに明確に覚えていないですよ。

青年　一応、研究部に所属していて、何回も読んでいますから。説明文に相当することも言えますよ。こちらは簡単明瞭です。低学年は「時間的な順序や事柄の順序」で、中学年は「段落相互の関係や事実と意見との関係」で、高学年は「要旨」と「事実と感想、意見などとの関係」だったと思います。

長崎　さすが研究部ですね。来年度は間違いなく研究主任だね。頑張ってくださいね（笑）。

青年　ちゃかさないでくださいよ。ところで、この指導事項がどうかしたのですか…？

長崎　そうそう、忘れるところでした。例えば、低学年の説明文の指導事項だと端的に「順序」ですよね。教材内容も「順序」を読み取るに相応しい内容だった場合は、うんもすんもなく、指導目標は、例えば、「時間的な順序を読み取ろう」となるのじゃありませんか。その読み取らせ方の手立ては色々あってしかるべきだとは思いますがね。こういった教材研究の方法を私は、「トップダウン型」教材研究と言っているのです。

①「ボトムアップ型」教材研究―教材の特性を指導に生かす方法―
②「トップダウン型」教材研究―指導事項先にありきの方法―

二通りの教材研究の方法

青年　なるほど。それでは、時と場合によっては、**「指導目標先にありき」**でも、まんざらおかしいことではない、と考えても宜しいのですね。

長崎　そういうことですね。平成20年版学習指導要領以降から、「思考力・判断力・表現力」の育成が叫ばれていますよね。

青年　その通りです。

長崎　先ほども申し上げましたが、読み取らせ方の手立ては色々考える必要はあると思いますが、「思考力・判断力・表現力」の育成を目標にした「トップダウン型」教材研究をやればいいのだと思いますよ。ガッテンですか…（笑）。

青年　ガッテンです（笑）。あと一つは、「指導目標の立て方」についてです。

長崎　そうでしたね。「目標」ですから、文末の表記は、「…することができる」というようなのが妥当だと思いますね。

青年　それは私たちも同じです。ただ、色々な指導案を見てみると、目標が一つだったり、二つ書いていたりすることがあるのですが、これって決まりみたいなものはないのでしょうか…？

長崎　ない、と思います。**目標にする要素は、二種類ある**と私は考えています。一つは、教材内容の**価値的なこと**と国語の**技能面に関すること**を目標に設定することです。あと一つは、**学習者の能力目標的なこと**を目標の中に明記するかどうかということです。

青年　と言いますと…。

長崎　例えば、「海の命」の場合、単元目標を、「成長する太一の生き方や考え方を読み取ることができる」と設定するのと、「成長する太一の生き方や考え方を自分なりに読み取り、自分の言葉で交流することができる」と設定するのとでは、目指しているものが自ずと違ってきますよね。

青年　確かにそうですね。

長崎　どちらがいいとかは言えないと思いますが、せめて私としたら、「読むこと」の目標設定として、伝統的に継続されてきた**「技能目標」**と**「価値目標」**の二つは、単元目標や本時の目標に入れてほしいな、というのが願望ですかね。

青年　そうですか。ちょっと考えてみます。しばらくお時間をください。（青年はメモを取りながらしばらく考える）私としては、「海の命」の単元目標を次のように設定しましたが、いかがでしょうか。

○太一と登場人物（おとう、与吉じいさ、母）との関係を、文章中の表現を根拠にして読み取ることができる。（技能目標）

○太一の不可解な行動は太一の成長を表しているのかどうかを、「自分と太一との対話」活動を通して自分なりに実感することができる。（価値目標）

指導目標を立てる二種類の要素

①「技能目標」「価値目標」 ②学習者の「能力目標」や「価値目標」を、「技能目標」の中に入れ込むかどうか。

長崎　へぇ、思い切った単元目標ですね。「太一の不可解な行動は太一の成長を表しているのかどうか」ですか。初めてみましたね。こういう単元目標は。思い切って取り組んでみてください。とっても楽しみになってきました。

青年　先生、本当にありがとうございました。先生の大切なお時間を取ってしまって、また、惜しみなく、先生の財産を提供していただき、心から感謝申し上げます。また、ご報告致します。ありがとうございました。

長崎　いやいや、大したことはしておりません。まあ、少しくらいお役に立つことができたのであれば、こちらも幸せです。いいお正月をお迎えくださいね。

正月が明けて、三学期が始まった頃、青年から簡単な単元指導計画の付いたメールがあった。そこには、「初めての挑戦ですが、私にしては大胆な教材を横に切った取り組みをやってみることにしました。うまくいくかどうかは分かりませんが、今の子どもたちならきっと、意欲的に取り組んでくれるものだと信じています。ハラハラ、ドキドキですが、思いきり楽しみたいと思います。当日また、手厳しいご指導をお願いします。」と書かれてあった。当日の青年教師と子どもたちの奮闘ぶりを想像しながら、添付ファイルを開いた。

青年教師から送られてきた「海の命」の単元指導計画（概要）

●単元目標

○太一と登場人物（おとう、与吉じいさ、母）との関係を、文章中の表現を根拠にしながら読み取ることができる。

○太一の不可解な行動は、太一の成長を表しているのかどうかを、「自分と太一との対話」活動を通しながら自分なりに実感することができる。

●単元計画（概要）（全9時間）

第一次

① 全文を通して読み、「ログライン」（一行感想）を書き、交流する。

第二次

② 太一は、だれの影響を、どれだけ受けたのかを①〜⑩のスケーリングで比較し、交流する。

③ 太一は、与吉じいさから「おまえは村一番の漁師だよ。」と言われて嬉しかったのか

どうかを考え、交流する。

④　太一は、クエと戦うことに死の恐怖を感じていなかったのかどうかを考え、交流する。

⑤　太一は、クエと対面し、突然「おとう」と思ったのは、戦うことから「避けたのか」「逃げたのか」「その他」を判断し、交流する。

⑥　最後の場面の「やがて太一は……母はおだやかで満ち足りた、美しいおばあさんになった。」までの三行は、「いる」「いらない」を判断し、交流する。

⑦　再度、太一は、だれの影響を、どれだけ受けたのかを①～⑩のスケーリングで比較し、一回目と二回目の違いについて検討する。

第三次

⑧　⑨　太一の不可解な行動は、太一の成長を表しているのかどうかを、「自分と太一との対話」活動を通して自分なりに実感する（二人の対話文を作成→発表する。＊自己内対話または、二人一組。）

第3章

学年別
文学の教材研究

2月に行った青年教師の「海の命」の授業は素晴らしかった。何が一番、と問われれば、子どもたちの育ちが際立っていたと答えざるを得ない。「判断」でしかけた問いから、子どもたちは根拠に基づき思考し、理由づける表現活動が皆、自信に満ちあふれていた。そうした授業にもかかわらず、青年は謙虚だった。「たまたまです」「昨日までは最悪でしたが、今日は、子どもたちに救われました」と言うばかりであった。そういうこともあってか、年末に研究室を訪れたとき、彼の口から出た「悪い冗談」が的中したと知ったのは、新年度が始まって間もないころであった。最近では異例のことであるが、青年は、7年目も初任校で迎えることになったのである。それも、研究主任として。その後耳にしたことだが、やはり退職された前研究主任の主任教諭からの強い推薦があったというのである。校長や副校長はその考えを受け入れたが、若き新研究主任に重い責任を課した。それは、東京都の研究推進校として本年11月に開催される研究発表会当日に公開する1年～6年の全ての文学教材の教材研究を事前に、綿密に行っておくよう指示を出したのである。青年は腹をくくり、長崎の研究室を再び訪れた。

実は、主役は「きこり」だった!?

1年

「たぬきの糸車」

青年　先生、大変なことになってしまいました。
長崎　そのようですね。研究主任のようですね。頑張ってくださいね。
青年　えっ、ご存知だったのですか。まったく青天の霹靂ですよ。
長崎　そうでしたか…？　昨年末にちょっと匂わせるようなことを言っていましたよ（笑）。副校長先生からご連絡をいただきました。大変、期待されていましたよ。こうなれば、腹をくくるしかないですね。頑張りましょう。
青年　もちろん、頑張ります。宜しくお願いします。
長崎　こちらこそ。ところで、研究発表会当日の全学年の教材研究をするのですよね。
青年　はい。校長先生から、事前に教材研究をしておいて、各学年の教材研究会のときに、適切なアドバイスができるようにしておきなさい、と仰せつかっております。

長崎　それは責任重大ですね。ところで、順番はどうしますか…？

青年　一応、研究発表会当日の各学年の教材は確定しておりますから、できれば、1学年から順にしていただけるとありがたいです。今日は、1年の「たぬきの糸車」、2年の「お手紙」、そして、3年の「モチモチの木」をお願いします。そして、ゴールデンウィークのどこかで、4年の「ごんぎつね」、5年の「大造じいさんとガン」と、6年は投げ入れ教材になるのですが、T社の「ヒロシマのうた」をお願いできればありがたいです。

長崎　了解しました。それでは、早速と言いたいところですが、ちょっと教材をコピーしてきますから、しばらく待っていてください。

教材をどう読むか

長崎　それでは始めましょうか。まず、登場人物ですが、だれが出てきますか…？

青年　「たぬき」と「おかみさん」と、それに「きこり」です。

長崎　そういうことですね。「きこりのふうふ」と書いてありますからね。「きこり」も忘れてはいけませんよね。ところで、このお話の「主役」はだれですか…？

青年　えっ、視点人物ではなくて、「主役」ですか…？　視点人物は、「おかみさん」だと思うのですが。「主役」ですか…？

長崎　そうです、「主役」です。お芝居のときや映画やテレビドラマのときの「主役」です。

青年　先生は時々、唐突な質問をされるからビックリします。「主役」も、おかみさんです。

長崎　なるほど。そうですか。それでは、「脇役」は…？

青年　**脇役**は、たぬきとそれに、きこりですかね…？

長崎　きこりも脇役ですか…？

青年　主役でないとすると、脇役としか言いようがないと思うのですが。

長崎　なるほどね。脇役には違いないのですが、あと一つ**「端役《はやく》」**がいますよね。例えば、あまり重要ではないですが、お芝居ではなくては困る通行人や野次馬なんかがいるでしょう。

青年　なるほど、その「端役」に当たるのが、きこりっていうのですか。それがどうかしたのですか…？　まさか、また、その端役の「きこり」が重要なんだとか言い出すのではないでしょうね。勘弁してくださいよ！

長崎　（笑）あなたは、私の意図を見事に読むようになりましたね。凄い！

青年　凄い！　じゃないですよ。どうして、きこりが重要なん

> ＊脚本家としての教師
> ○主役…おかみさん
> ○脇役…たぬき
> ○端役…きこり
> ＊端役の「きこり」がしかけたわなに、たぬきがかかったからこの物語はドラマチックになった！

物語を映像的に！

ですか…？

長崎　考えてみてくださいよ。きこりは、何をしたのですか…？

青年　たぬきがあまりにもいたずら者だから、「わな」をしかけたのですよ。

長崎　でしょう。仮にきこりがわなをしかけていなかったら、この物語はどうなっていましたか…？

青年　…なるほど、どうもなっていないですよね。いたずら者のたぬきが、**きこりのしかけたわなにかかったからこそ、その後の展開がドラマチックになる**のですよね。

長崎　さすが、研究主任！　そういうことですよ。ということは、この**物語のキーマンは、「きこり」**ということでガッテンですか。

青年　こういう読み方もあるのですか。ビックリですが、ガッテンです。

長崎　**物語を「映像的」にとらえる**と、今まで見えていなかったものが見えてくる、ということもあるということですよ。それをこれから具体的に見ていきましょう。

教材で何を教えるか

長崎　さて、この物語は間違いなく「たぬきとおかみさん」の物語ですよね。しかし、それを「映像的」というか「芝居的」にとらえると、ちょっと見えてくるものが違ってきます。例えば、あなたが仮に、**舞台の脚本家**だとすると、「おかみさんときこり」の夫婦をどういった場面に登場させますか…？

青年　きこりの夫婦をですか…ちょっと考えさせてください。（青年は、しばらく考え込む。そして突然）見えてきました。一つは、おかみさんが、わなにかかったたぬきを逃がしてあげたその晩、いろりを囲んで食事をしながら、そのことを話題にしている場面です。そしてあと一つは、最後の場面で、たぬきが「うれしくてたまらないというように、ぴょんぴょこおどりながらかえって」行く様子を、きこりの夫婦が、どのような表情で見送っているのか、どんな会話をしているのか、ということは大変興味深いですね。

長崎　凄いですね。あなたは名脚本家ですよ（笑）。もう、授業展開が見えてきたでしょう。ワクワクしますね。

青年　いやぁ、参りましたね。こんなことを考えるのは初めてです。私もちょっと感動しています。

長崎　私はただ、これまでの「たぬきの糸車」の実践では、「たぬきとおかみさん」の関係に固執するあまり、物語をドラマチックにした「きこり」の存在をなおざりにし過ぎてきたのではないか、と思っているだけなんです。低学年ではよく人物に吹き出しをつけて、「同化」させるという手法を使いますよね。「たぬきの糸車」では決まって、たぬきとおかみさんなんですよね。それでもいいのですよ。しかしこの教材の本質からすると、きこりを省いてはダメでしょう、と私は思うのですね。

青年 なるほど、そういうことですか。

長崎 私の40年来の友人に、作家の宮本輝がいるのですが、彼が、こういうことを言っているのですよ。「私がその小説に必要として名前をつけた人間は、たとえ一回だけ登場し、わずかひとこと喋っただけにしても、その瞬間、私はその人になっている。」(『いのちの姿』集英社)とね。「たぬきの糸車」の場合は、ひと言も喋っていませんが、「その人」こそ、「きこり」の存在だと私は考えているのですね。

青年 宮本輝って、「蛍川」で芥川賞をとったあの宮本輝ですか…?

長崎 そうです、そうです。確かに、考えてみれば、必要がなければ、一回だけだとしても作品には登場させないですよね。

青年 先生、あと一つ、素直な疑問なんですが、質問しても宜しいでしょうか…?

長崎 どうぞ、どうぞ。

青年 きこりは、たぬきのいたずらに手を焼いたのか、わなをしかけますが、おかみさんは、「いたずらもんだが、かわいいな。」と言っています。また、たぬきは、冬の間に、見よう見まねで、糸をつむいでいました。これって、いたずらって言えるのでしょうか…?

長崎　質問は一つって言いましたが、二つありましたよね（笑）。一つ目については、きこり夫婦のやりとりを吹き出しで対話させると、子どもたちは、見事に反応してくれると思いますよ。二つ目も面白いですね。なかなかやりますね。具体的に考えてみましょう。

教材をどう教えるか

長崎　さて、具体的な学習活動を考えてみましょうか。

青年　はい。先生、これまでの教材研究を基に、私に考えさせてください。

長崎　頼もしい！　どうぞ、考えてみてください。（青年は、新たに準備してきた「教材研究ノート」にメモをとり始めた。）

青年　場面分けは、基本的には縦に区切らずに、横に切って、考えやすい「課題」を設定してみたいと思います。ただ、「いたずらもんだが、かわいいな。」までの第１場面では、きこりとおかみさんのそれぞれが、たぬきのことを「どれくらいかわいいと思っているのか」を、**１～５のスケーリング**で、「かわいくない～かわいい」を子どもたちに考えさせてみたいと思います。

長崎　なるほど。それからは。

青年　次は、わなにかかったたぬきを逃がしてあげたおかみさんときこりが、どんなことを話し合っているのかを、**対話形式**で吹き出しに書かせて発表させようと考えています。

長崎　先ほど、あなたが考えたことですね。例えば、どのような対話になると思いますか…？

青年　・おかみさん「かわいそうだから、たぬきをにがしてあげたよ。」

・きこり「どうしてそんなことをするんだ。」

・おかみさん「だって、たぬきはかわいいところもあるんだよ。」

・きこり「なに言ってるんだ。あのたぬきはいたずらばかりしているんだ。もうおれはしらないよ。」

などのようなことを子どもたちは考えてくれると思います。

長崎　その後はどうなりますか。

青年　・たぬきが糸車を回す「キーカラカラ　キーカラカラ　キークルクル　キークルクル」という音と、おかみさんが回す音とは同じですか…？　**「同じように読んでもいいですか…」**

・たぬきが糸車を回し続けたのは、「いたずらか、いたずらじゃないか」を**判断でしかけて**みたい。

・たぬきが糸車を回している姿をおかみさんに「見せたかったのか、たまたま見られてしまったのか」。これらを**判断**させても面白いかなと思います。

そして最後はやはり、たぬきが嬉しくて踊りながら帰っていくたぬきを見て、おかみさんときこりは、どんなことを話しているのかを吹き出しを使って、**対話**させてみたいと思います。

長崎　なかなか面白いじゃないですか。脇役や端役だって、扱いようによっては、主役級の存在になるのですね。

「しあわせ」のキューピットは「かたつむりくん」!?

2年 「お手紙」

長崎 それでは2年の「お手紙」に入りましょうか。

青年 この物語も、何かありそうですね…?

長崎 えっ、「たぬきの糸車」で何かありました…? ああ、あれですか、物語を「映像的」にとらえるってことですか。

青年 まったく初めてですよ。物語を、主役、脇役、端役で考えるなんて。

長崎 いや、引き出しが多くなった、と言ってくださいよ。

青年 確かに、そうですね。色々な見方で教材をとらえられる、ってことですからね。

教材をどう読むか

長崎　さて、「お手紙」の登場人物ですが、だれが出てきますか…？
青年　この物語も1年の「たぬきの糸車」と同じように、シンプルですね。
長崎　シンプルね、確かに。
青年　登場人物も「がまくん」と「かえるくん」と「かたつむりくん」で、「たぬきの糸車」と同じく3人ですが、「たぬきの糸車」と違って、**人物の「喜怒哀楽」**がはっきりと出ています。
長崎　なるほど。どんなところでそれを感じましたか…？
青年　この物語は、かえる君が、お手紙を一度ももらったことがないというがま君を励ますストーリーですが、例えば、たぶん待っても来ないだろうというお手紙を待っているがま君の悲しい心情が、「とてもふしあわせ」という表現に込められています。そして、そういったことを聞いたかえる君は同情して、「二人ともかなしい気分で、げんかんのまえにこしを下ろしていました。」となっています。
長崎　なるほど、この物語は、「喜怒哀楽」の**「哀」**から始まるのですね。そして、最後は…？

青年　「二人とも、とてもしあわせな気もちで、そこにすわっていました。」に変わり、「お手紙をもらって、がまくんはとてもよろこびました。」で終わるので、最後は、**「喜」**だと思います。

長崎　つまりこの物語は、「喜怒哀楽」の**「哀」で始まり「喜」で終わるという展開**になっているということですね。「哀」～「喜」の間には、「怒」も「楽」もあるのかも知れませんね。

青年　確かに！　先生、その通りになっていますよ。かえる君は、家に帰ってがま君にお手紙を書いてあげ、諦めないようにと伝えにいくかえる君に対してがま君は、「いやだよ。」とか、「そんなこと、あるものかい。」とか、「ばからしいこと言うなよ。」なんて、諦めの心情や「怒り」の心情を、かえる君にぶつける場面があります。これらの場面は、「喜怒哀楽」の**「怒」**ですよね。

長崎　それでは、「楽」は…？

青年　「楽」も確かにあります。かえる君ががま君に、「だって、ぼくが、きみにお手紙を出したんだもの。」と告げる前は、かえる君一人がお手紙を待つ「楽しみ」ですが、告げてしまった後は、二人でお手紙をまっている**「楽しみ」**があったのだと思います。

長崎　なるほど、こういうふうに教材を詳しく分析したり解釈したりしていくと、人間世界そのものの人生を感じとることができるのですね。

青年　ところで先生、この教材で不思議にというか、疑問に思うところが2か所あるのですよ。

長崎　いよいよ来ましたか。なぜか、あなたが今から言おう

◯「喜怒哀楽」の「哀」で始まり「喜」で終わる

「お手紙」の構造

としている中に、この教材の本質が含まれているように思いますね。

青年　えっ、まだ、何も言っていませんが…？　言っていいですか…？　それはですね、かえる君がなぜ、足の遅い「かたつむりくん」にわざわざお手紙の配達を頼んだのかということが一つです。そしてあと一つは、かえる君がなぜ、お手紙の内容まで、がま君に言ってしまったのか、ということです。どう思いますか、先生は。

長崎　さすがですね。やはり、私が思った通りですね。この教材の本質を衝いていますね。あなたが指摘した辺りに、学習活動の核が潜んでいるように思いますね。この物語は、シンプルにとらえると、「二人ともかなしい気分で、げんかんのまえにこしを下ろしていました。」から「二人とも、とてもしあわせな気もちで、そこにすわっていました。」までの出来事の中に、どんなドラマがあったのか、ということですよね。違いますか…？

青年　その通りだと思います。既にその段階で、かたつむり君の「おかげ」でか、いや、かたつむり君の「せい」でか、とにかく、楽しみにしていたお手紙が四日後に届くのですが、結末の「お手紙をもらって、がまくんはとてもよろこびました。」というハッピーエンドが見えていますからね。

長崎　今、凄いことを言いましたね。かたつむり君の「おかげ」か「せい」か、面白いですね。学習活動のまさに、「核」になると思いませんか…？

青年　なるほど。この物語をドラマチックにしたのはやはり、脇役のかたつむり君、ってわけですか。ということは、お手紙を出したことだけでなく、その内容までもかえる君ががま君に言ってしまたその是非も子どもたちに任せてもいいということでしょうか…？

長崎 ますます冴えてきますね。かえる君は何度、窓から外を覗くのでしたか…？

青年 確か、三度だったと思います。そのつど、「かたつむりくんは、まだやってきません。」と書かれています。

長崎 この三度の繰り返しの最後に、がま君から質問が飛ぶのですよね。そうしてそうしてですよ、とうとう辛抱たまらなくなったかえる君が、正直に白状してしまうのですよね。あ～あ…。

青年 先生、先生、興奮していませんか、大丈夫ですか。

長崎 興奮しておりましたか（笑）。ついつい、力が入ってしまいました。ところで、一番大事な、初めの「哀」と最後の「喜」かな「楽」かな、のところの「二人とも」をどう扱うかがポイントでしょうね。ここをどう扱うか…を考えておいてくださいね。

教材でなにを教えるか

長崎 さて、この教材で何を教えるかですね。

青年 先生との教材研究で、相当見えてきました。しかし、イマイチよく分からないのが、この物語の視点人物はだれか、ということです。主人公や主役はだれか、ということです。

長崎　そうですね。この物語は確かにややこしいですね。「がまくんは、げんかんのまえにすわっていました。かえるくんがやってきて、言いました。」から推察すると、視点人物は、がま君になるのですが、心情の変化や登場する回数の多少から考えると、がま君とも言えるしかえる君とも言えますね。**三人称視点**には違いありませんが、これまでの「スイミー」や「海の命」や「たぬきの糸車」などは、**「限定視点」**ですが、「お手紙」は**「全知視点」**であるようでない（かたつむりくんの存在がややこしい）し、**「客観視点」**でもない、ということですね。だからこそ、「二人とも」の扱いが大切になってくるのだと思いますね。

青年　それで、だいぶん気が楽になりました。ところで、**挿絵**のことなんですが、挿絵って、変わるのですね…?

長崎　どういうことでしょうか…?

青年　ここに来る前に、23年度版と27年度版を比べてみたのですが、「お手紙」の本文中には、どちらも9枚ずつの挿絵があるのですが、絵の内容が違っているのですよ。

長崎　そうなんだ。まったく気がつきませんでした。もともとこの物語は、『ふたりはともだち』という絵本の中に収められていた一つで、絵本が原典ですから、差し替えられても何ら不思議ではないでしょうね。ところで、その挿絵がどうかしたのでしょうか…?

青年　はい。2年の重要な指導事項の一つが、**「時間的な順序や事柄の順序」**ですから、挿絵を並び替えさせたりして、自分たちの言葉で物語らせても面白いかな、と思ったのです。

長崎　なるほどね。妙案じゃないでしょうか。そういった学習活動から、本教材の特性ともいえる「喜怒哀楽」の展開が読み取れるといいですね。

青年　先ほどから実は、ずっと考えていたのですが、やっと形になってきたかなあ、と思っているところです。

長崎　どういうことですか…？

青年　先生が繰り返しおっしゃった二つの「二人とも」をどう扱うか、ということについてです。そして、二つの「二人とも」の間の、私が疑問に思った二つのかえるくんの不可思議な行動をどのように扱うかということについてです。

教材をどう教えるか

青年　導入は、以前一度、「海の命」でやったことですが、「○○が、○○して、○○した話」という**一行感想文（ログライン）**を書かせて交流させてみてはどうか、と思います。「海の命」のときは、「○○が、○○したが、○○した話」のように、逆接も取り入れたのですが、この方法で何が面白いかというと、「お手紙」の場合は、「○○が」の主語を、「がまくん」とするか「かえるくん」とするか、が楽しみでなりません。

長崎　ひょっとしたら、「かたつむりくん」なんていう**トリックスター**的な子が出てくるとも限りませんからね。

青年　何ですか、その「トリックスター」って。

長崎　ゴメンなさい。突拍子もないことを突然言い出すことですよ。中には、そんな子がいるでしょう。大切にしなければいけませんよ。その子は、間違いなく文化を創る子ですからね。

青年　なるほど。その後は、先ほど申し上げた挿絵の並び替えをやって、その後の二次の授業では、会話文が多いので、音読を主にした扱いにしたいと思います。

長崎　それはいいですね。「喜怒哀楽」を読み声で交流させてみてください。ただ、音読のさせ方ですが、どのようなことを考えていますか。

青年　「がまくんやかえるくんになったつもりで、気持ちを込めて読みましょう。」が一般的だと思いますが…。

長崎　この際、**「読み声の交流」**に挑戦させてみてください。「がまくんやかえるくんの言葉をどのように読みたいですか」

○**読み声が、解釈を引っ張る効果的な音読の方法** ＊読む人…音読する箇所を、どのように読みたいか、どのように読んだか。 ⇔（交流） ＊聞いている人…自分には、友だちの読み声が、どのように聞えてきたのか。

読み声の交流

そして、「自分には、友だちの読み声がどのように聞えてきましたか」って。子どもたちは、見事に自分なりに解釈しながら、読み声で表現してくれますよ。

青年　分かりました。問題は、二つの「二人とも」ですが、**判断でしかけてみたい**と思います。初めは、

悲しいのは　　がまくん　＞　かえるくん
　　　　　　　がまくん　＜　かえるくん
　　　　　　　がまくん　＝　かえるくん　　なぜなら…

で、最後は、

幸せなのは　　がまくん　＞　かえるくん
　　　　　　　がまくん　＜　かえるくん
　　　　　　　がまくん　＝　かえるくん　　なぜなら…

とし、その間の二つの疑問は、そのまま子どもたちにぶつけてみてはどうかと考えています。

長崎　と言いますと…

青年　はい。「かえるくんは、お手紙の内容まで、がまくんにしゃべってしまって『よかった　よくなかった』とし、あと一つは、「かえるくんは、お手紙をかたつむりくんにたのんで『よかっ

た・よくなかった』にしようか、と考えています。子どもたちは、子どもたちなりに思考し判断し、そして、表現してくれるものと信じています。

長崎　果たして、「かたつむりくん」は、がまくんとかえるくんをつなぐ「幸せ」や「友情」のキューピットだったのでしょうか!?　…楽しみですね。

3年
「モチモチの木」
「じさま」の病気は「仮病」…!?

長崎 いよいよ、今日最後の教材研究ですね。

青年 はい。3年の「モチモチの木」です。斉藤隆介の有名な作品ですね。

長崎 そうですね。平成27年度版の小学校教科書には、5社のうちの4社に掲載されている今や定番教材の一つになっていますが、この教材も教科書によって、ちょっとした違いがありますね。

青年 そうなんですか。どういった違いでしょうか…?

長崎 開いてみればすぐに分かることですが、五つの場面を「1、2…5」としているものと、それぞれに「おくびょう豆太」「やい、木ぃ」…「弱虫でも、やさしけりゃ」なんて見出しを付けているものとがあるということです。

青年 なるほど。M社の「モチモチの木」には、見出しが付いていますね。どちらがいいのでしょうか…?

長崎　う～ん、それは扱い方次第じゃないでしょうか。何とも言えません。ところで、この物語のテーマって、何なのでしょうかね…。

教材をどう読むか

青年　そうですね。ひと言で言うと、「おくびょう豆太」が、変わったのかどうか、ということだと思いますね。

長崎　もう少し、詳しく言ってください。

青年　はい。書き出しは、「全く、豆太ほどおくびょうなやつはいない。」から始まるのですが、結末も、「それでも、豆太は、じさまが元気になると、そのばんから、『じさまぁ。』と、しょんべんにじさまを起こしたとさ。」で終わるのですね。ということは、一見、豆太は何も変わっていないじゃん、なんて思うのですが、じさまの突然の病気で、真夜中に山の麓《ふもと》の医者様を一人で呼びに行ったり、勇気ある子どもだけしか見られないというモチモチの木に灯がともるのも見たりしているのですね。だから、この辺りがこの物語のテーマととらえて間違いないと、私は思うのです。

長崎　なるほど。ところで、豆太が変わったかどうかということは、豆太はやはり臆病かどうか、ということですか…？

青年　そうです、そうです。

長崎　そのことについて、あなたは、どう考えているのですか…？

青年　表面的には、豆太は、何も変わっていないと思うのですが、しかし、結果として、豆太は真夜中、一人で、医者様を呼びに行っているのですよね。そして、これも結果としてですが、豆太は、モチモチの木に灯がともっているのを見たのですよね。だから、豆太は、「変わった」のじゃないか、昔の臆病な豆太ではないのではないか、と思いたいですが…難しいです…。

長崎　素直な「読み」をしていると思います。私もまったく同感です。

青年　えっ、そうですか。嬉しいです。しかし、どちらか、とは断定はできなくても宜しいのでしょうか…？

長崎　仕方ないですよ。断定できないのですから（笑）。それよりも、**「豆太はこのままでいいのか！」と思っているのはだれか**ということの方が大事かも知れませんね。

青年　えっ、どういうことですか…？　そりゃあ、じさま、でしょう！

長崎　これは断定できますか。

青年　これはもちろん、断定できます。じさまは、二人きりでいる豆太が、「かわいそうで、かわいかった」のだけど、豆太のおとうもじさま自身も強い男なのに、「どうして豆太だけが、こんなにおくびょうなんだろうか」と嘆いているし、何とか、勇気ある子に育ってもらおうと、じさまは、「豆太のおとうも自分も見たという「勇気のある子どもだけ」、それも「一人の子どもしか見ることができねぇ」というモチモチの木に灯がともるのが、「霜月二十日の今夜」なんだ、と励ますのですよね。こういったところが、「根拠」になると思いますね。

長崎　なるほど、まさにそこが問題だと思いませんか…？

青年　どういうことでしょうか…？

長崎　いやいや、出来過ぎじゃあないでしょうか…？　ってことですよ。

青年　えっ…？　まさか…？　じさまの病気は、仮病なんて、言い出すのじゃあないでしょうね…。

長崎　あなたは、そう思いませんか…？（笑）

青年　だって先生、根拠なんてどこにもないですよ。まあ、あるとすれば、「――それじゃぁ、おらは、とってもダメだ――。」と小さな声で、泣きそうに言った豆太の言葉をじさまがどう聞いたのかってところですが。そして、その後の「じさまもおとうも見たんなら、自分も」とか、「昼間だったら」とか、という豆太の心中を、読者である子どもたちがどう受け止めるかというのは興味ありますが…？

長崎　ですよね。あと一つ、「豆太は、はじめっからあきらめて、ふとんにもぐりこむと、じさまのたばこくさいむねん中に鼻をおしつけて、よいの口からねてしまった。」という豆太の行動を、じさまはどう受け止めたかというのも気になりませんか…？

青年　なるほど。そうですね。

長崎　あと1つ、私が気になっているところがあるのですが…。豆太がねんねこの中から、「モチモチの木に、灯がついている。」って言いますよね。しかし、医者様が、「あれは、とちの木の後ろにちょうど月が出てきて、…明りがついたように見えるんだべ。」って、本当のことを言っちゃいます。その次の朝にじさまは、「おまえは、山の神様の祭りを見たんだ。」って言うのですよね。この医者様とじさまの矛盾した二つの言葉を、豆太はどのように聞いたのか、って、あなたは気になりませんか…?

青年　確かに…。**「仕組まれたかも知れないじさまの病気…!?」**と**「二つの矛盾した言葉」**…かぁ、こういうふうに読むと、この作品、**ミステリアス**ですね…。

教材でなにを教えるか

青年　先生、この物語のテーマは、先ほども話し合った通り、「豆太は変わったのかどうか」ということだと思うのですが、断定はできない、というのが私と先生の見解でした。しかし、「モチモチの木」の授業では、よくこの点を取り上げています。そして概ね結論は、「豆太は変わった」という方向にもっていく授業が多いように思います。先ほどから、私は悶々としていたのですが、一筋の陽の光のおかげで、私の周りの霧がさぁーと引いていったように思います。

長崎　えっ、どういうことですか…？

青年　つまり、子どもたちに、「豆太は変わったのか」とか「豆太はやはり臆病なのか」とかと問う意味も分からないではないですが、「じさまの仮病説」と「二つの矛盾した言葉」の後の着地点は、**「豆太は、来年の霜月二十日の晩に、モチモチの木に灯りがともるのを、一人で見ることができるかどうか」**じゃないかな、と思い始めたのです。

長崎　面白い！　先ほど、「豆太はこのままでいいのか！」と思っているのはだれだ、なんてことを訊きましたよね。

青年　はい、それがどうかしましたか…？

長崎　私はそのときに、言おうとして言っていなかったことがあったのですよ。それは…。

青年　**「豆太自身も、このままでいい、と思っているのか」**ってことじゃないでしょうか…？

長崎　えっ、見抜かれていたのですか…？

青年　見抜いていたわけじゃないですが、まさか、豆太はまだ5歳の子どもだし、そんなことを考えるなんてこの段階ではあ

○じさまの病気は仮病!?
○医者様とじさまの矛盾した言葉
○豆太は「このままでいいのか?」
⇦　・じさまの思い
　　・豆太自身の思い
＊豆太は、来年、モチモチの木に灯がともるのを、一人で見られるか?

ミステリアスな物語

り得ない、なんて、自分の中で勝手に処理してしまっていたのです。

長崎 あなたは、ますます鋭くなってきましたね。それが、どうして今になって…？

青年 先生からあのミステリアスなお話を伺った後でふと、ひょっとしたら豆太も、「このままじゃあダメだ」と思っているのではないか、と考えるようになったのです。

長崎 なるほど、そういうふうに論理的に考えられたのですね。ビックリしました。納得です。ところで、豆太が、「じさまぁ。」って言う言葉は、何か所出てきますか…？

青年 えぇ～と、4か所ですね。冒頭の「おくびょう豆太」のところ、「豆太は見た」のところでは2か所、そして、最後の「弱虫でも、やさしけりゃ」のところですから、全部で、4か所ですね。

長崎 表記は皆、同じですか…？

青年 えっと、最初と最後は、「じさまぁ。」です。そして、じさまが突然、病気になるところの2か所は、「じさまぁっ。」と「じさまっ。」ですね。そうですよね。私はまだまだ、ですよね。

長崎 えっ、どうされたのですか…？

青年 いや、ストーリーというか、内容にばかり気をとられてしまって、豆太の心情が、端的に表現されているのですよね、この**四つの「じさまぁ。」**の中に。見落とすところでした。じさまが、突然病気になったところに二つの「じさまぁっ。」と「じさまっ。」を子どもたちがどのように読んでくれるのかも興味が尽きないですが、初めの「じさまぁ。」と最後の「じさまぁ。」をどのように読みたいと思っているのかは、それ以上に興味津々ですね。

教材をどう教えるか

長崎　それじゃあ、まとめに入りましょうか。これまでの教材研究で見えてきたことを、具体的にどう教えますか…？

青年　実は、この教材は、やっかいだな、と思っていたのですが、やりたいことが多くなり過ぎて、ちょっと困っております（笑）。贅沢な悩みですが。

長崎　そんな贅沢な悩みはありませんよ（笑）。ただ、発問はもちろん、**「作る決断」**も大切ですが、**「捨てる勇気」**も必要だということです。もったいない、なんて考える必要はないと思います。学級の実態によって、「これは、うちの学級にはまだ無理だ」と思えるものがあれば、勇気を持って捨てるべきですよ。

青年　分かりました。それでは、いくつかランダムに挙げてみたいと思います。

①　じさまは、豆太の臆病さを変えたいと思っているのか。（思って

○作る決断 と ○捨てる勇気

発問

いる・思っていない）
②　豆太は、自分の臆病さを変えたいと思っているのか。（思っている・思っていない）
③　昼と夜とで、変わったものと変わっていないものは何か。
④　豆太は、モチモチの木に灯がともるのを、見たいと思っているのか、思っていないのか。
（思っている・思っていない）
⑤　「じさまあっ！」と「じさまっ！」をどのように読めばいいのか。
⑥　じさまの病気は、仮病か。（仮病だと思う・仮病ではないと思う）
⑦　豆太は、医者様の言葉とじさまの言葉を、どのように聞いたのだろうか。（A―医者様はうそを言っている　・B―じさまはうそを言っている　・C―どっちが本当なのだろう）
⑧　初めの「じさまぁ。」と最後の「じさまぁ。」は、同じ読み方でもいいのか。
⑨　豆太は、来年の霜月二十日の晩に、モチモチの木に灯りがともるのを、一人で見ることができると思うか。（思う・思わない）

ざっと挙げてみましたが、いかがでしょうか。基本的には、教材は横に切った扱いですが、ここぞ、というところは、焦点化してみたいと思います。「判断」でのしかけが、主になると思います。

長崎　短い時間の中で、よく考えられましたですね。3年の先生方としっかり話し合って、最終的な結論を出してくださいね。大変、お疲れ様でした。

青年　長い時間、ありがとうございました。

物語をドラマチックにしたのは「加助」!?

4年

「ごんぎつね」

青年から次回の教材研究の日程のことについて電話がかかったのは、４月半ばだった。11月の研究発表会までに行う学年一本ずつの研究授業についてのワンポイントレッスンもお願いしたいため、できれば、ゴールデンウィークの初め頃に伺いたいとのことだった。青年が訪れた当日、１学期に予定されている３つの学年の簡単な教材研究を済ませると青年は、しみじみと「教材研究って深いですねぇ」と言うのだった。

長崎　えらい感慨深げですねぇ。実感がこもっていますね。

青年　いや、「深い」と思っているのは、私だけではないのですよ。各学年の先生や研究部の先生方と話していると、皆が皆、口を揃えて、「そんな見方もあるのかぁ。教材研究って、深いなあ」なんて言うのですよ。

長崎　そうですか、それって、喜んでいいのでしょうね…（笑）。どんなところから、そんな感想をもらされているのですか…？

青年　そこなんです！　例えば、「たぬきの糸車」では、想像もしていなかった「きこり」の存在でしょう。「お手紙」では一躍ひのき舞台に立つ「かたつむりくん」、そして、「モチモチの木」での「じさま」の仮病？　は、豆太の成長に大きくかかわっていたのではないか、というこのミステリアス。私たち教師の「読みの視点」をちょっと変えただけで、見えてくるものがまるでこれまでとは違ってくるのですよ。だから、皆が皆、「深い！」って言うのだと思うのです。

長崎　いやぁ、そうですか。ところで、「深い」はいいですが、先生方は、「楽しい！」と思ってくださっているのでしょうか…（笑）。

青年　「もちろん！」って言いたいですが、皆さん、口を揃えて、「深い、深い」と言っておられますね（笑）。

教材をどう読むか

長崎　ところで、今日は、定番の「ごんぎつね」からでしたかね。４年の。
青年　そうです。宜しくお願いします。私の学年です。私は４年の担任は初めてなので、授業は初体験になります。
長崎　そうなんですね。しかし、「ごんぎつね」の授業は、何回も見ておられますよね。
青年　はい。内容も一応把握しているつもりです。
長崎　それでは、単刀直入にお訊きしますが、**この物語のキーになる人物**は、だれだと思いますか。
青年　**ズバリ！　加助！**　だと思います。
長崎　えっ、兵十じゃないのですか…？
青年　「ごんぎつね」は、ごんと兵十の物語でしょう。普通に読むと、いたずら好きのごんが、兵十の「おっかあ」が死んでしまったことを機に、自分と同じ「ひとりぼっち」になった兵十に「つぐない」をするという物語ですよね。だからキーになる人物となると、兵十でないことは確かだと思うのです。

長崎　なるほど。よく分かりました。しかし、なぜ加助なのですか…？

青年　そこですね、問題は。ご説明申し上げます（笑）。うなぎの償いのつもりが「いわし事件」になってしまい、それ以後は、毎日毎日、栗や松茸などを兵十の家に持っていくのですよね。そしてある晩、吉兵衛の家への行き帰りに、兵十と加助が話す内容を聞いてしまうのですよね。聞いてしまう、というよりも、「兵十のかげぼうしをふみふみ」二人の後をつけて行ったのだから、どんな話をするのかをごんは、聞きたかったのだと思います。そこで、加助から「神様」発言が飛び出すのですよね。

長崎　そうでした。兵十に、栗や松茸をくれるのは「そりゃ、人間じゃない、神様だ。」と、加助が断言するのですよね。

青年　そして、加助から「だから、毎日、神様にお礼を言うがいいよ。」と言われた兵十が、「うん。」と答えちゃうんですよね。それを聞いたごんは、そのときは、「へえ、こいつはつまらないな。」と思い、「おれは引き合わないなあ。」とまで思うのですが、「その明くる日も、ごんは、くりを持って、兵十のうちへ出かけ」て行くのです。この「明くる日」というのは、兵十に見つかって、ごんが撃たれてしまう「その日」なんですね。

長崎　と言うことは…。

青年　つまり、加助から「神様」発言され、「こいつはつまらない」とか「引き合わない」とか思っていても、ごんの償いの気持ちは、それまでと何ら変わらなかったことが証明されたことになります。しかし、そのごんの一途な償いの気持ちが、悲劇を生むことにもなるのですが…。

長崎　確かに。撃ってしまった後に、栗や松茸をくれたのは、神様ではなくて、ごんだったということに気づくのですからね。まさに、悲劇といえば悲劇ですよね。ひょっとして、ごんの頭の中には、「神様じゃない、僕です。ごんですよ」という言葉がグルグルと駆け巡っていたのかも知れませんね。こういうように考えると、**この物語をドラマチックにしたのは、確かに、加助なのかも**知れませんね。ところで…。

青年　途中で口を挟んで済みません。先生の「ところで」発言は、緊張します。何が飛び出してくるやら分かりませんから。

長崎　いや、常識的なことですから、大した問題ではありません。あなたの「加助論」には感心しましたが、**ごんを撃ってしまった後、兵十は、このことをだれかに話したと思いますか…?**

青年　やっぱり、先生の「ところで」発言は怖いなあ。そうきますか…?　ちょっと考えさせてください。…普通なら、こんな悲劇的なことをだれにも話せませんよ。私ならたぶん、黙っておくと思いますが…。先生の「ところで」発言の後ですから、ひょっとして、だれかに話したとか…?

長崎　えっ、勘ですか…?　その根拠は。

青年　話したとすれば、加助だと思うのですが…

長崎　えっ、どうして加助なんですか…?

青年　それは、兵十がごんを撃ってしまった前の日に、加助から「神様だ。」と断言されているので、「栗や松茸をくれていたのは、実は、いたずら狐のごんだったんだ」と言ったんじゃないかと、思ったのです。

長崎　なるほど、そういうことですか。ちゃんと**根拠が文章の中にある**のですよ。初めから、もう一度読んでみてください。

青年　（読み始めた途端）あっ！　こんなことも見落としてしまうのですよね。何気なく、読んでいるもんなんですね。またまた反省です。

長崎　気がつきましたか（笑）。

青年　一行目に書いてありました。**「これは、わたしが小さいときに、村の茂平というおじいさんから聞いたお話です。」**ですよね。まったく、気づいていませんでした。

長崎　このことで、この物語は、「語り継がれてきた文学」だということが分かりますよね。そういう読みができると、「なにをどう教えるか」が見えてきますね。

青年　はい、ありがとうございます。

教材でなにを教えるか

長崎　小説や物語には、必ず、**「仕組み」**と**「仕掛け」**が施されていて、この二つが、絶妙に綾なしている文学は、素晴らしいと私は思っているのです。

青年　と、そのことを敢えてここでおっしゃるということは、「ごんぎつね」は、その一つだと。

長崎　そうだと思います。物語としては、**「語り継がれてきた文学」という構造**を持っていると思いますが、**「いたずら」と「つぐない」**とが対局にありますよね。そして、最後まで「分かり合えない悲しさ」がテーマとしてあるにはあるのですが、一方、一貫して物語の底を流れているのは、いつかは分かり合ってほしいと願う、**「ひとりぼっち」**という存在だと思いますね。

青年　なるほど。だから「ごんぎつね」は、いつまでたっても教師にも子どもにも人気が高いのですよね。

長崎　そうだと思います。だから、この教材での「ねらい」を考えてみるとですね…

青年　ちょっと先生、またまた途中で口を挟んで申しわけないのですが、ちょっと気になっていることがあるのですが、これが、学習活動になり得るのかどうかを判断してほしいのです。

長崎　気になっていることって、どういうことでしょうか。

青年　先ほどの「いたずら」と「つぐない」に関してですが、兵十は、ごんが「つぐない」をしていることとって最後まで知りませんよね。ずっと、「いたずら狐」としか思っていないと思うんです。ということは、兵十からごんに近づくことってあり得ませんよね。ところが、ごんの方は、兵十に少しずつ少しずつ近づいて行っているように思えるのですよ。つまり、**「二人の距離感」**が、そのままごんの心情なのかも知れない、と思ったのですね。

長崎　へぇ、**距離感と人物の心情とが「比例」**しているというのですか。参ったなあ。あなたに越えられてしまいそうですね。なるほど！

青年　あと一つは、兵十に対してのごんの思いが定まったのは、どの段階なのか、というのが非常に気になるのですね。

長崎　なるほど。具体的には…

青年　2場面の「穴の中」なのか、3場面の「いわし事件」の後なのか、そして、5場面の加助の「神様発言」の後なのか。ここら辺に、ごんの「腹決め」の本心が潜んでいるように思えてならないのです。

長崎　そのまま、子どもたちにぶつけてみますか！

○「語り継がれてきた文学」という構造
○「いたずら」と「つぐない」
○「ひとりぼっち」
　↓
・分かり合えない悲しさ
○二人の距離感と人物との心情とが「比例」

物語の仕組みと仕掛け

教材をどう教えるか

長崎　もう、学習活動の全貌が見えているようですね。
青年　そうですね。４年は３クラスですから、これから学年の先生たちと話し合いますが、研究発表会当日は、今から言う学習活動を基本に考えてみたいと思います。

①　1～5場面で、「ごんと兵十の距離」が近い順から順位をつける。
②　兵十に対してのごんの思いが定まったのは、どの段階なのかを判断する。（A―2場面の「穴の中」　・B―3場面の「いわし事件」の後　・C―5場面の加助の「神様発言」の後）
③　ごんは最後の最後まで、兵十に栗や松茸などを届けたのは何のためか…？（A―つぐないのため　・B―ひとりぼっちどうしだから　・C―その他）
④　ごんは、幸せだったか…？（A―しあわせだったと思う・　B―しあわせだとは思えない　・C―その他）
⑤　「兵十は、ごんを撃ってしまったことをだれかに話したと思うか…？」話したとするな

ら、「だれと、どんな話をしたのか…？　↓特定の人物を設定して、『対話形式』でシナリオに書く」

長崎　「ごんぎつね」という作品は、「権狐」というタイトルで、新美南吉が『赤い鳥』という児童雑誌に投稿した物語ですが、当時、『赤い鳥』の主宰者だった鈴木三重吉が手を加えたのが現在教科書に掲載されている作品だと言われています。

青年　ということは、やりようによっては、南吉の原作と「比べ読み」もできるということですか。

長崎　そうですね。いつか挑戦してみてください。

「鳥小屋」と「おり」の違いも学習のポイントに…!?

5年

「大造じいさんとガン」

長崎　いよいよ、あと2学年となりましたね。5年教材は、「大造じいさんとガン」でしたか。

青年　はい、そうです。「大造じいさんとガン」も「ごんぎつね」とともに人気のある教材ですね。

長崎　そうですね。平成27年度版では、小学校5社の教科書全てに採録されているようですね。ただ、M社版とS社版では「大造じいさんとガン」となっているのに対して、T社版、K社版、G社版では「大造じいさんとがん」となっています。

青年　題名の違いはやはり、原典に忠実かどうかということでしょうか。

長崎　そのようですね。この作品は、昭和16年11月号の『少年倶楽部』という雑誌に掲載されたのが初出だといわれています。そのときの雁の表記がカタカナだったようですね。5社のなかでの一番の違いは、M社版だけは、「知り合いのかりゅうどにさそわれて、わたしは、イノシシがりに出かけました。」から始まる「まえがき」が添えられているということです。

教材をどう読むか

青年　そうなんですか。初めて知りました。その「まえがき」での特長はあるのですか。

長崎　そうですね。一つ挙げるとすれば、35、6年前に残雪との戦いの話を大造じいさんが語ったのですが、その語ったときの大造じいさんの年齢が72歳だというのですよ。驚きでしょう！

青年　えっ、どういうことですか。72歳の大造じいさんが、35、6年前の残雪との戦いを語ったということは…戦ったときの大造じいさんの年齢は、つまり、36、7歳の青年狩人だったということですか…？

長崎　そういうことになりますね。「まえがき」のない4社の作品では、年老いた「大造じいさん」で読み進めても何ら問題はないと思いますが、M社版では、72歳の大造じいさんの語りを物語化したというように読むのが自然だろうと思います。36歳前後の青年狩人を「大造じいさん」と呼ぶのは不自然だろうと思いますのでね。

青年　なるほど、納得です。

長崎　ところで、**学習指導要領での高学年（第5学年及び第6学年）の文学教材の指導事項**にあたるのは、何だったか覚えておりますか…？

青年　当然です。先生、この質問、実は二度目ですよ（笑）。

長崎　えっ、そうでしたか？　私としたことが…。

青年　えっとですね…。「読むこと」の「エ」の指導項目には、「登場人物の相互関係や心情、場面についての描写をとらえ、優れた叙述について自分の考えをまとめる」とあります。

長崎　**人物相互や心情、そして、「描写」**ですね。中学年では、どうなっていますか…。

青年　**3、4年**では、「場面の移り変わりに注意しながら、登場人物の性格や気持ちの変化、情景などについて、叙述を基に想像して読むこと」（「ウ」の指導事項）となっています。

長崎　**人物の性格や気持ちの変化や情景**ですね。低学年では…？

青年　えっとですね。**1、2年**では、同じく「ウ」の指導項目に、「場面の様子について、登場人物の行動を中心に想像を広げながら読むこと」とあります。

長崎　低学年では、**人物の行動**ですね。こういったことを、折に触れて確認しておくことも大切なことですね。ところで、「描写」ってなんですか…？

青年　ひと言で表現するのは難しいですが…「見たことや聞い

> ◯低学年―人物の行動
> ◯中学年―人物の性格や気持ちの変化・情景
> ◯高学年―人物相互の関係や心情、描写
>
> 描写
> 見たこと、聞いたこと、思ったこと、感じたことなどを素直に表現すること

文学教材での各学年の指導事項

たことなどを、文学的に表現すること」じゃないかと、私はとらえていますが…。

長崎　なるほど。ただ、「文学的に表現する」って、どう表現することでしょうか…？

青年　例えば、「大造じいさんとガン」では、「あかつきの光が、小屋の中にすがすがしく流れこんできました。」や「東の空が真っ赤に燃えて、朝が来ました。」のような表現だと思います。

長崎　なるほど、素晴らしい描写表現ですね。それも大造じいさんのそのときの心情を、情景描写に重ねて、事前にほのめかした表現になっていますから「伏線」にもなっていますね。「伏線」といえば、二回目の作戦の前にも「秋の日が、美しくかがやいていました。」というのもありますよ。これは、描写表現じゃないのでしょうか…？

青年　確かに…。でも、三回目や四回目の作戦の前の表現よりも「文学的」ではないと思ったのであえて省きました。

長崎　やっぱりそうでしたか。ここで、「描写」について確認しておきましょう。**「『描写』とは、見たことや聞いたこと、さらに、思ったことや感じたことなどを、『素直』に表現すること」**ということで宜しいでしょうか…？

青年　「素直に」ですか…？

長崎　そうです。「素直に」です。あなたは、「文学的に」とおっしゃいましたね。文学的っていうのは、決してオーバーに表現するということではないのですよ。だから、「秋の日が、美しくかがやいていました。」も、素晴らしい描写表現だといえると思いますね。

青年　よく分かりました。こういったことも視野に入れながら、高学年の物語教材を扱うように心がけたいと思います。

教材でなにを教えるか

長崎　さて、この教材をどのように扱うか、ですね。

青年　この物語は、大造じいさんの視点から残雪との戦いの軌跡が描かれているのですから、要は、残雪に対する大造じいさんの「たかが鳥のことだ」表現から、「ただの鳥に対しているような気がしませんでした。」までを、どのように扱うかにかかっていると思います。

長崎　なるほど。それで…。

青年　「たかが鳥」表現は、一回目の作戦で一羽のガンを生け捕りにした後ですが、「ただの鳥」のような気がしない、という表現に至るまでに三つの作戦を企てるのですね。つまり、二回目から四回目の作戦の戦いに対する大造じいさんの心情が、先ほどご指摘の「伏線」に集約されているように思うのです。

長崎　なるほど！

青年　二回目の作戦のときの描写は、「秋の日が、美しくかがやいていました。」です。三回目は、「あかつきの光が、小屋の中にすがすがしく流れこんできました。」で、四回目は、「東の空が真っ赤に燃えて、朝が来ました。」です。これを教えない手はない、ですね（笑）。

長崎　なるほど！「ううん」…いや、「ううむ」…かな…？

青年　えっ、えっ…何か、イミシンな…。あっ！　そういうことですか！　先生も人が悪い…。

長崎　いや、私の考えていることを遥かに超えて行きそうな勢いに、私は悔しいやら感心するやらだったので、どう表現すればいいか、迷っていただけなんですよ…（笑）。

青年　ありがとうございます。あわせてヒントもいただいて。そうですね、大造じいさんの「ううむ。」表現と「ううん。」表現も魅力的ですね。どのように扱うかは、これから考えます。ところで、一つお伺いしていいでしょうか…？

長崎　どうぞ、どうぞ。遠慮なく。

青年　最後の4場面をどのように扱えばいいのでしょうか…？　素直な疑問を発問につなげるとすれば、「ひきょうなやり方」とか「堂々と戦おう」とかの表現が気になるのですが、それこそ「うーん」となっちゃうのです。どれもこれもイマイチなので、何かヒントになることを宜しくお願いします。

長崎　そう言われても困ってしまうのですが、私が気になっているのは、一回目の作戦で生け捕りにしたガンの扱いと、同じように生け捕りにした残雪の扱いとが「違う」のじゃないかということです。

青年　えっ、どういうことでしょうか…？

長崎　よく読んでみてください。

青年（青年は、一二つの場面を繰り返し繰り返し読み始めた。そして、おもむろに…）そうだったのですね。全然気がつきませんでした。「鳥小屋」と「おり」の違いですか…。

長崎　そうですね。**一回目の作戦で生け捕りにしたガンを「鳥小屋」に入れ、残雪を「おり」に入れた大造じいさんの意図**は、何だったのでしょうね。まさか、「鳥小屋」がたまたま空いていなかったとか…（笑）。

青年　それは絶対ないですね（笑）。やはり、**「たかが鳥」と、残雪は「ただの鳥」ではない**、ということの違いがこんなところにも表れているのでしょうか…？

長崎　とすれば、というより、そういうように子どもたちが読んだとすれば、この物語は、「大造じいさんとガン」でいいのだろうかと、ふと思ったりするのですよね。

青年　なるほど。深いですね。

★**大造じいさんの意図は？**
○「鳥小屋」—「たかが鳥」が反映されているのか？
○「**おり**」—「ただの鳥」ではないことが反映されているのか？

「鳥小屋」と「おり」

教材をどう教えるか

長崎　さて、そろそろまとめに入りましょうか。だいたいの指導計画は立ちましたか…？

青年　まずは、大造じいさんの四つの作戦を押さえたいと思います。そして、大造じいさんの残雪に対する見方（「たかが鳥」→「ただの鳥」ではない）も合わせて押さえたいと思います。

長崎　なるほど、「確認発問」で十分ですね。それから…。

青年　これまでの教材研究でやってきた三つの描写表現を一気に扱ってみようと思います。これらの表現は、伏線ともなっているので、「秋の日が、美しくかがやいていました。」「あかつきの光が、小屋の中にすがすがしく流れこんできました。」「東の空が真っ赤に燃えて、朝が来ました。」から、大造じいさんの本気度を、①～⑩のスケーリングで測定させてみようと考えています。この学習を思いついたとき、私だけではなく、子どもたちのワクワク感が伝わってきて、早く先生にご報告したくて先ほどからウズウズしていました（笑）。

長崎　教材研究を通して授業展開を考えるときに大切にしてほしいのは、まさに、**子どもたちのワクワク感を感じることと、教師のウズウズ感**だと私は思います。教師が楽しめない学習を、子どもたちに楽しめ、と言っても無理ですよね。

青年　「ううむ。」と「ううん。」は、大造じいさんの心情をハートマークにして、色で表現させてみようと思います。私が授業をするのではないので、５年の学年の先生方としっかりと話し合ってみたいと思います。

長崎　問題の最後の場面ですが、ここだけは、４場面単独の扱いにするのですか…？

青年　いや、そのつもりはありません。やはり、「鳥小屋」と「おり」との比較をすることで、子どもたちが、「たかが鳥」と「ただの鳥」ではない、ということに気づいてくれるのではないかと思います。そして最後は、物語教材での初めての挑戦になりますが、題名は、「大造じいさんとガン」でいいか…？　と問うてみてもいいかな、と思います。題名を「書き換えるのもよし」、「そのままでもよし」。要は、そう考える根拠と理由を大切にした学習にしたいと思います。

長崎　お疲れ様でした。楽しみにしております。

仕掛けは「手紙」!
「わたしの思い」を育ての親への返信、ヒロ子への手紙に込めて!

6年

「ヒロシマのうた」

長崎　6年教材は確か、投げ入れ教材の「ヒロシマのうた」でしたね。この教材をあえて選んだ理由は何ですか…?

青年　はい。学年で色々悩んだのですが、社会科で歴史を学ぶ学年でもあり、できれば、一つぐらいは平和について考えたり、人生について考えたりできる教材はということで、結果として「ヒロシマのうた」になりました。

長崎　確かに、次年度は中学生ということでもあり、また、思春期の入り口にも当たる学年でもあるということからすれば、素晴らしい選択だと思います。ただ、この教材は、なかなか一筋縄ではいかないですよ。

青年　そうなんです。宜しくお願いします。

教材をどう読むか

青年　私たちも難しさを感じているのですが、その一つが、18ページもあるこの物語のどこに焦点を当てればいいのかということと、一人称視点の「わたし」と原爆孤児となった「ヒロ子」の育ての親の「お母さん」を繋いでいる「手紙」の存在をどのように扱えばいいのか、というのが実は悩みのタネなんです。

長崎　なるほど。もう既にいいところに目をつけているじゃないですか。

青年　えっ、そうですか。**「手紙」はいわば、この物語の「仕掛け」**ですよね。ラジオ放送を通して再会する「わたし」と「ヒロ子ちゃん親子」とがその後、「手紙」のやりとりによってその距離が徐々に近くなっていくという展開になっています。

長崎　その通りです。だからこの物語のポイントは、まさにその「手紙」にあるといってもいいでしょうね。ただし、その手紙をどのように扱うか、が問題でしょうが…。手紙の内容を読み取らせることだけに目を向けていたのでは、子どもたちのワクワク感や教師のウズウズ感は望めないと思いますが…。

青年　はぁっ。手詰まり感は、そういうところにあったのかぁ。考えます。大丈夫です！　ところで、こういう戦争孤児といいますか原爆孤児といった重いテーマの物語を扱う場合、だれに焦点化すべきなのでしょうか。

長崎　あなたは、どうとらえているのでしょうか…。

青年　色々悩んだのですが、結論としては、一人称視点で書かれている「わたし」に焦点を当てるべきではないかと考えています。文章中にもしっかりとした根拠もありますし、ヒロ子の成長を支える育ての母の思いや、ヒロ子そのものの思いに関わろうとする「わたし」の心情を通して、この物語は成り立っていると思うのです。だから、ヒロ子の心情も育ての親の心情も、「わたし」を通して掘り下げられるのではないかと思っています。

長崎　素晴らしいですね。その通りだと思います。とすれば、自ずと、「手紙」をどのように扱うかも見えてくるはずですね。

青年　なるほど！　ピンと来ましたよ、先生。

長崎　教材に対する疑問点は、それくらいですか…？

青年　あと1つあるのですが、それは題名の「ヒロシマのうた」についてです。まさに「ヒロシマのうた」なんですよね、これって。しかし、何で、「ヒロシマのうた」なんかな、って思ってしまうのです。

長崎　確かに、「ヒロシマのうた」ですよね、これって。「広島の歌」でもないし、「ひろしまの歌」

でもない。かといって、「ヒロシマの詩」でもないし、「ヒロシマの詞」や「ヒロシマの唄」「ヒロシマの唱」でもないですよね。漢字だとどうしても漢字のイメージや意味を考えてしまいがちですが、「ヒロシマのうた」ならしっくりくる。こういったことを子どもたちに考えさせる勇気が、あなたにはありますか…？

青年　…なかなか難しいですが、学年の先生たちと考えてみます。ありがとうございました。

教材でなにを教えるか

長崎　まず、お訊きしたいのですが、「ピンときました」とおっしゃいましたよね。「何がピンときた」のか、「どうピンときた」のか、が分からないのですが、どういうことでしょうか…？

青年　手紙の扱い方ですよね。先生から訊ねられることを心待ちにしていました。

長崎　ウズウズしていたのですか…？

青年　そうです。そのウズウズ感が段々と増しておりました（笑）。この物語で、なくてはならない「手紙」を、「わたし」になり切って、「ヒロ子の育ての母」と「ヒロ子」に書かせようと思います。どの場面でタイムリーに書かせるのかはあとでお話ししますが、６年という小学校の最終学年で、手紙の内容と併せて、手紙の書き方も指導したいと考えています。

長崎　なるほど。以前、全国一斉学力テストの中3の国語の問題で、「手紙の書き方」の問題が出ていたことがありました。大学生にもやらせてみましたが、多くの学生は「習った記憶がない」と言っておりましたので、いい機会かもしれませんね。

青年　気になっている言葉の一つに、戦争というとイメージとしては「恐ろしい」という言葉が浮かびますが、「わたし」はなぜか、「戦争ということが、こんな悲しいものであることを、そのとき初めて知りました。」と言うのですね。この「悲しい」という言葉に、このときの状況と「わたし」の心情とが素直に表現されているように思えてならないのです。

長崎　なるほど。深いですね。子どもたちも、この物語の状況をしっかりくみ取ってくれるのではないでしょうか。

青年　あとは、この物語の最後の一文である「汽車はするどい汽笛を鳴らして、上りにかかっていました。」の「するどい汽笛」と「上りにかかって」は、今後の**ヒロ子の人生を暗示**しているように思えるのです。

長崎　う〜ん。相当教材研究をされていますね。ビックリしました。こんなに長い物語なのに、細

拝啓
・時候のあいさつ
……
……
敬具
○年○月○日
自分の氏名
先方の氏名

手紙の書き方

部にまで目が届いていて、しかも、押さえどころを外さないその的確さ、感性の鋭さは…いやあ、参りました。普通ならば、ヒロ子が刺繍した「きのこのような原子雲のかさ」への思いや意図に迫りたいと思うはずですが、「するどい汽笛」と「上りにかかって」ですか。なるほどね。

青年　ヒロ子は、「きのこのような原子雲のかさ」を刺繍することによって、「おじさん、私はもう大丈夫ですよ」と伝えたかったのではないでしょうか。そのヒロ子の思いや意図を、「わたし」は感じ取ったのではないのか。だからこそ、ヒロ子のこれからの人生を暗示するような「するどい汽笛」と「上り」に「かかっていました」という表現に込めたのではないのか、と考えたのです。

長崎　よ〜く分かりました。子どもたちの反応が楽しみですね。素晴らしいです。

教材をどう教えるか

青年　ところがですね。どうしても、授業のイメージが湧いてこないところがあるのです。先生のお力を貸していただけないでしょうか。

長崎　あなたにもまだ、そんなところがあるのですか…?

青年　先生、私はまだ発展途上だということを忘れないでくださいね（笑）。

長崎　そんなことはないと思いますが、どうぞおっしゃってください。
青年　はい。物語の７ページ目に１行空きがあるのですが、その前半の扱いのイメージがどうしても掴めないのです。最後の一文は、先ほど申し上げた「戦争ということが、こんな悲しいものであることを…」となっているのですが、そこは、冒頭部の「ああ、そのときのおそろしかったこと。」と比べようと思っているのですが、そこに辿り着くまでに何を・どう教えていいのかがどうしても分からないのです。
長崎　なるほど。確かに扱いづらいところですよね。こういったところは、極力、**シンプル**に扱えばいいのではないでしょうか。
青年　シンプルにですか…と言いますと…。
長崎　そうです。シンプルにですよ。極力、シンプルに、ですね。つまり、「わたし」が、恐ろしいと思った状況や、「悲しい」と思った状況を、シンプルに読み取らせる手を考えるのですよ。「わたし」は、どうして恐ろしいと思ったのですか…？
青年　それは、地獄のような状況を見たからです。
長崎　見ただけですか…？
青年　うめき声やわめき声などを耳にしました。
長崎　そうですよね。赤ちゃんの声を聞いてからの「わたし」は…？
青年　何とかしようと行動します。

長崎　そうですね。それをそのままシンプルに子どもたちにぶつければいいのじゃないでしょうか。

青年　と言いますと、例えば、「『わたし』は、何を見て、何を聞いたのでしょうか…？」とかのようにですか。

長崎　そうです、そうです。そして、その後は…？

青年　「『わたし』は、何をしたのか…？」ですか…？

長崎　その通りです。**読み取らせる場面が広い場合や複雑な内容の場合は特に、発問はシンプルに**したり、大きくしたりすることが大事だと思います。つまり、この物語の場合は、恐ろしい状況や悲しいと思える状況を、臨場感が味わえるシンプルな発問で表現や文などをピックアップさせるのです。指導する教師である私たちも、教材研究の段階で同じように臨場感を味わっているのですから、そのツボを押さえるにはどうすればいいか、なんだと思いますよ。

青年　なるほど。いや、大変、勉強になりました。**「…は、何を見て、何を聞いたのか…？」**は、シンプル過ぎますが、凄い発問ですね。あれっ…？　確か「海の命」のときも！

長崎　気づかれましたか。そういうことです。それはそうと、後でお話しますとおっしゃった「わたし」からの手紙を書かせるタイミングですが…そろそろいいですか。

青年　そうでした。「わたし」から「ヒロ子の育ての親」への手紙は、「返信」の形をとろうと考えています。

長崎　ほうっ。どのタイミングで。

青年　物語の10ページ目の育ての母からの手紙の後に、二つ目の一行空きがあります。そのお母さんからの手紙に頭を下げ、「わたしはすぐ返事を書きました。夏まで待ってください。夏になったら、…（略）…。そういう返事を出しました。」のように続くのですが、このタイミングで、「『わたし』から、ヒロ子ちゃんの育ての親（橋本さん）に、返事を書きましょう」という学習活動を組みたいと考えています。

長崎　返信ですか、面白いですね。学習の必然性を感じますね。あと一つの手紙は…？

青年　この物語の最後の一行「汽車はするどい汽笛を鳴らして、上りにかかっていました。」の後、シチュエーションとしては、汽車の中からの「『わたし』から、ヒロ子ちゃんへの手紙」としたいと思います。「十五年の歳月の流れに思いを馳せながら、また、刺繍の入ったワイシャツのお礼やヒロ子ちゃんへの思い」などを、「わたし」になり切って書かせてみてはどうかな、と思います。

長崎　う〜ん、素晴らしいと思います。実は、私はこの物語を読んで、何回か泣いてしまいました。戦争孤児や原爆孤児というのは、こういった「わたし」や「ヒロ子ちゃんの育ての親」のような方がおったからこそ成長することができたのだ、と思うと胸が熱くなってきたのです。あなたから、多くのことを学ばせていただきました。ありがとうございました。

発問はシンプルに

・場面や内容によっては有効―
（例）…は、何を見て、何を聞いたのか。

青年　こちらこそ、大変勉強になりました。ありがとうございました。

　別れ際に青年教師は言った。「先生と出会えて幸せでした。生意気なことばかり申して済みませんでした」と。「とんでもない」と私は答えた。そして、「私こそ幸せだった」と。私の本音だった。

　確かに青年教師は、この一年間で、見違えるほどに逞しくなった。しかし、私は、青年と出会え、青年との対話を通して一回りも二回りも成長させてもらった。幸せだったのは、私の方だった。これが実感である。これが教材研究というものである。教材研究において、「幸せ」の尺度があるとすれば、それは、どちらがどれくらい「刺激」を受けたか、ということであろう。その「尺度」は、刺激を受けた本人にしか分からないことである。

第4章

文学の教材研究に求められるものとは

［対談］

長崎伸仁
×
桂　聖

桂　文学のコーチング、一気に読ませていただきました。とても面白かったです。あまりよく分かっていなかった一人の青年教師が、だんだん教材研究ができるようになっていくというストーリーがいいですね。

長崎　暴露話をすると、7～8年前、桂さんから電話をもらって、「東京都のある小学校から講師依頼をされたのですが、実はその日、私は都合がつかず行けないんです。長崎先生、お願いできませんか」と言われて、「ああ、いいよ」と引き受けたことがあったんです。

その校内研のときに、3～4年目ぐらいの男性の先生が、授業後の研究協議会で、どうも僕の発言に対して首を横に振っていたんですね。そういう人を見付けるのは得意なの。終了後の懇親会に彼も来ていたので、話しかけてみたんです。「ちょっと話をしない？　僕に反発しているでしょう？」「いいえ、そんなことはないです」「いや、こういう発言をしたときに、首を横に振ったよね」と言ったら、「先生、なんでご存じなんですか、よく見てますね」と（笑）。

そのあと意気投合して、「次回は僕が作文の研究授業をするんですけど、見に来てくれませんか」と話してくれて、だんだんと彼が教材研究の面白さを分かっていくんです。今でもすごく頑張っている人ですが、そういう実際にあったことを切り口にして、その青年が成長していく姿のようなものを描きたいなと。それが土台にあったんですね。

桂　面白いですねえ。この青年のモデルになった先生は、今、どうしているんですか？

長崎　それ以降はあまり授業を見る機会はないんですが、聞くところによると、優れた先生として、新聞にも取り上げられたとか。

桂　へぇー、すごいですね。

長崎　ただ、残念ながらそのときの授業は、本人として納得されていないそうで（笑）。

桂　まあ、授業は生物（なまもの）ですから、うまくいったりいかなかったりするものです。完璧な授業ってありえないし、うまくいかない方が圧倒的に多いですけどね（笑）。

長崎　その授業のビデオを見せてもらいました。私は、相変わらず頑張って、成長しているなあとは思いましたが。

桂　ぜひお会いしたいものですね。今度また紹介してください。

教材研究のための発想源とは

桂　この本には、教材研究の面白さ、それに加えて発問の面白さがあって、それがすごく勉強になりました。長崎先生の「教材研究や発問を発想する源」をぜひ教えて下さい。

長崎　かつて、奈良女子大の附属小学校（当時の奈良女子高等師範附属小学校）にいらっしゃった白井勇先生が、とても特徴的な教材研究をされていたんです。それで、「白井先生はどのような教材研究をされているのですか」と伺ったことがありました。そうしたら、「それはね、長崎さん。教材からこういうことを授業で教えてほしいという声が聞こえてくるんだよ」とおっしゃる。

僕の教材研究の出発点は、その比喩的な表現から始まりました。あとになって研究を続けていくと、実はその声を聞くというのは、教材の特性をつかむことだと捉え直したんです。教材にはそれぞれ持っている固有の特性があると思いますが、その教材の特性をつかむことが、白井先生がおっしゃった教材からの声を聞くことだと受け取りました。

さらに、もともと僕は小学校の教員だから、その声が聞こえてきたとき、子どもが動く姿が見えてくるのです。あの子はこういう発言をするだろうなとか、彼はここで戸惑うだろうなとか、彼女はここでこう切り込んでくるだろうなというように、その教材から聞こえてきた声が、今度は子どもの声になって聞こえてくるようになる。

それからすごく楽になった。「この教材はこういう特性を持っているから、それを指導に生かしていこう」というふうに思うようになったのが、僕にとってのポイントでし

長崎伸仁

たね。

桂　教材の特性というのは、例えば「海の命」では母の存在ですか？

長崎　そうですね。実は、最初に「海の命」が教科書に載って読んだ時、疑問に感じたことがありました。「どうして太一はクライマックスの場面で急に、敵とみなしていたクエを『おとう』と呼んだのか」ということです。この疑問に迫る時に、「誰が太一の成長に影響を与えたのか」を考えることになります。誰かの存在が必ず、太一に影響を与えているはずです。授業実践では普通、それは「おとう」であったり、「与吉じいさ」であったりします。

しかしわたしが妙に気になったのは、母の存在です。「海の命」に母が出てくるのは、「おまえが、おとうの死んだ瀬にもぐると、いつ言いだすかと思うと」という意味深な言葉と、「母はおだやかで満ち足りた、美しいおばあさんになった」という最後の場面の二箇所だけです。この母の記述に僕自身のこだわりがあって、母の存在をクローズアップしたときに、「ひょっとしたら、太一がそのクエと対峙したときに、誰かの声が聞こえてきたのではないか」という読みの可能性に至りました。それが母の声だったとしたらどんな言葉だったのか、とか、「与吉じいさ」だったら、「おとう」だったら……というような読みが成り立つのではないか。そのもとになったのが、「海の命」の教材の特性として注目した二つの母の叙述で、そこから考えていったんですね。

> **「海の命」の母の存在が、妙に気になったのです。**（長崎）

あのクライマックスの場面の解釈について、いろいろ論文を読んでみると、これまでの研究では大きく二つの捉え方に分けられます。一つはクエのことを「おとう」と呼んだことを是とする立場、もう一つが、「おとう」と呼びかけるのが唐突で根拠がない、とする立場です。それらを押さえた上で、僕が実践するのであれば、「太一はクエから逃げたんじゃないの?」と問いたいのですね。実際、そう主張する文学研究者だっていますが、私としては、このように問うこと自体が一つの仕掛けです。

多くの子どもは「ちがう、逃げたんじゃない」と言い、議論になります。そのとき、クラスの何人かが、「戦わなかったのは、逃げたのではなくて勇気ある撤退だ」と捉えたときに、この母の記述が光ってきます。戦わず撤退したことで、母を、家族を守ったわけで、それが一つの成長の証と捉えることができるんですね。この物語が太一の成長譚であることは間違いないんだけど、漁師として大物を仕留めるだけではなく、家族を守ることも、生き方としての成長と言えます。そういった読みが成立するのではないか、ということです。

桂　母を起点に物語を読むことで、そういった**解釈の可能性**が生まれると。

長崎　そうですね。原作と言われている「一人の海」を読んでみても、この解釈が母のいろいろな叙述から裏付けられるんです。例えば父が亡くなったことに関しても、「今頃海の中で楽しんでいるのではないか」という言葉があるんですね。そうなると、太一がクエに「おとう」と呼びかけたこととすごく整合性がとれる。

桂　ということは、母の存在が詳しく書いてある原作から発想したわけではなくて、教科書教材を見て、もしかしたら関係がありそうだな、と考えたということですか。

長崎　そうですね。太一は決して自分で成長したわけではないと考えたとき、クライマックスのところで違和感を覚えたといいますか。物語の最後の場面では、太一は家族を持ちます。子どもたちもすくすく育っている。そして、お母さんも「美しいおばあさんになった」と描かれます。ということはひょっとしたら、クエと戦わなかった理由として、**家族愛**ということもテーマの中に入っているのではないか。そこに数年こだわっていたら、たしか去年、原作だと言われている「一人の海」にたどり着きました。それを読んだら、自分のこだわっていた読みと合致していたんですね。もちろん、教科書教材としての「海の命」に描かれているわけではないので、オプショナルなものではあります。あくまで、解釈の可能性の一つを見いだせたということです。

桂　結末があのように書かれていることですし、その解釈の可能性は十分ありますよね。

教材解釈の観点は多様である

桂　今のお話で思い出したことがあるのですが、8年ほど前、「海の命」の授業をしたときのことです。その時の私の解釈では、太一は、クエを敵ではなくて「おとう」、もっというと「この海の命だと思えた」とさえ言っていることから、主題は何かというと、やはり「私たちは海に生かされている」となる、と考えていたんですね。

すると授業である子どもが、「クエのことを敵と思うこともあるけど、お父さんのことを乗り超えたいと思っていた太一が、最後、結局撃たなかったことで、乗り超えたのではないか」という解釈をしたんです。私にとっては想定外の解釈だったのですが、授業でその発言を聞いた瞬間、十分成り立つ、とも思いました。このときの授業は、フリートークの実践を収めたＤＶＤに収録されています（『授業が変われば子供が変わる　授業研究シリーズ「映像で見る国語授業」』内田洋行）。それで、収録された公開授業の次の時間で、その子どもの解釈を取り上げ、「太一は父を乗り超えたかどうか」を議論しました。そうしたら、クエにもりを撃たなかったことから、それぞれの主題の解釈が分かれるんです。「父を乗り超える」だったり、「自分が死なないようにして家族を大切にする」だったり。今の長崎先生の解釈を聞いて、この後者の子どもの主題の解釈が思い浮かびました。

桂　聖

主題を捉えるには、中心人物の心情変化が基本になると考えています。ただし、気をつけなければならないのは、その中心人物の心情変化は、心情の対象によって異なることです。例えばはじめに「クエを仇だと思っていた太一」として、クエを心情の対象にして読んでいく場合と、はじめに

「父を乗り超えたい太一」として、父を心情の対象として読んでいく場合では、心情変化も異なってきますし、それに伴って主題も異なってきます。

また、**主題は、中心人物の心情変化だけではなくて、様々な観点から捉えることができますね。**「海の命」という題名の意味、与吉じいさによる「千匹に一匹だけ……」などのキーセンテンス、そして長崎先生のお話にも関連しますが、最後の場面では太一が幸せな家族生活を営んでいるという結末の意味。どの観点からでも、主題に迫ることができます。

ただし、「いろいろな観点でも主題が捉えられる」ことを教えるのは、6年生ですね。5年生では、中心人物の心情変化から主題を捉えることを指導し、その上で6年生では様々な観点からも捉えられることを系統的に指導しています。

長崎　今出た「海の命」でいうと、この物語は太一の成長譚に間違いないんだけど、「父を乗り超える」という点でも解釈が分かれます。与吉じいさがいうように、太一は「村一番の漁師」とされています。でもポイントとして、こう語る与吉じいさ自身は、一本釣りの漁師なんですね。

桂　そうですね。よく誤読されるのですが、与吉じいさが「村一番の漁師」といったのは、「村一番の一本釣りの漁師」だということです。おとうはもぐり漁師だったので。だから、与吉じいさが「村一番」と言っても、もぐり漁師として父を乗り超えたということにはならない。

主題は、様々な観点から捉えることができますね。（桂）

長崎　そう。乗り超えたとしたら、精神的・人間的に、ということです。太一がクエと戦わなかったことは、クエを殺さなかったこととともに、自分自身を、家族・お母さんのために守ったことだ、という、人間的な成長という面は、ないがしろにできないと思います。ですから、漁師として父を超えたという捉え方よりも、むしろ人間的に太一は成長したと捉えたほうが腑に落ちる。

桂　そうですね。クエを撃たなかったことで、父よりも家族生活を大切にしたいという意味で、人間的に父を乗り超えることができたんでしょうね。

クエと対面している時に太一が思う「本当の一人前の漁師」は、たぶん、潜ってクエを仕留める漁師です。それを結局はやめて、村一番の漁師であり続けたということは、一本釣りの漁師であり続けたということです。**「村一番の漁師」と「本当の一人前の漁師」という区別、つまり作品の設定**ですが、これを踏まえて論理的に考えたほうが分かりやすいと思うんですね。

中心人物の心情は、周囲の人物とのかかわりから考える

長崎　最後のあの意味深な場面、クエと戦わなかったこと、生涯誰にも話さなかったということを、僕は仕掛けとして、子どもたちには「太一は本当に話さなかったのか、それとも話せなかった

のか」と訊ねたいですね。こんなことを**話せるわけはないと思ったのか、敢えて話さなかったのか**、というところは、太一の人間性に迫る問いです。ある面、太一の心情に直接問うていくとともに、周辺人物である母、与吉じいさ、そしておとう、という人物を意識することによって、太一自身がクローズアップされてくるんです。

そこから言えるのが、教材を読んでいくときの面白さとして、脇役や端役に着目していくような教材研究があり得るのではないか。つまり、文学で読むべきである中心人物の心情の変化というのが、実は中心人物自らが起こしているわけではなく、対人物によってその心情の変化が起こってくるということですよね。

桂　周囲の状況とのかかわりの中で、ですね。

長崎　そうです。例えば太一がクエを撃たなかったことについて、「その時誰かの声が聞こえてきたのだとしたら」と問うことも同じです。すると、「おとうのこの声が聞こえてきた」とか、「お母さんのこの声が聞こえてきた」とか、「与吉じいさのこの声が聞こえてきた」という考えが出てきます。それはもう、周囲の人物というより、太一自身の問題ですよね。

桂　いまの問いの「話さなかった」のか、「話せなかったか」というのは、中心人物だけでなく、その周囲の人物を含めた問いだということですよね。

長崎　そうです。そのことを生涯誰にも話さなかったのか、話せなかったのかということと、「誰かの声が聞こえてきた」ということから学習活動を連動して捉えていくと、「話せなかった」というネガティブな捉えではなく、このことは太一自身の問題だから、敢えて「話さなかった」んだという捉え方もでてくる。「実はあのときに、おっかあのこういう声が聞こえてきたんだよ」というようなことを、太一のプライドとしてすべて自分で判断したから、話さなかったという解釈です。

ここで、クライマックスのところで問うたことが、作品の最後の場面でも生かされて、学習活動のつながりができることになります。最後の場面の読みは、それを読んで「はい、終わり！」といった余韻を残すような終わり方もできますが、敢えてこのような、読み取った能力を最後の場面で生かすという活動もできると思います。

桂　重要な解釈や活動だと思いますが、「話さなかった」と「話せなかった」との違いを問うのは、結構難しいですよね。とすると、それを考える以前の解釈のベースや読み方のベース、前提条件が必要です。それを抜いてしまい「話さなかった」のか、「話せなかった」のか、と進めてしまうと、ついてくることができない子どもが出てきてしまいます。**授業の前提は全員参加**ですので、「話さなかった」「話せなかった」ということを、考えたくなるようにしたいものですね。

長崎　近い例として、「大造じいさんとガン」では、残雪がハヤブサと戦います。そして、大造じいさんは銃を構えて、目の前の残雪に向けるんだけど、「なんと思ったか、再びじゅうを下ろして」しまうんですね。ということは撃たなかったということになりますが、果たして、**「撃たなかった」のか、「撃てなかった」のか、という問い**が成立します。

先日、私の教え子が「大造じいさんとガン」で研究授業をしたんですが、この「撃たなかった」

のか、「撃てなかった」のかが主発問でした。全員が発言してくれたんですが、出てきたことを整理すると3種類。①残雪のその姿それ自体に心を打たれたから ②大造じいさんがここで撃ってしまうと、ものすごく卑怯になると考えたから ③仲間を助けようとする残雪のその姿に感動したから、「撃たなかった」とか「撃てなかった」とかというものでした。

とても深まりが出たんですが、この意見が、「撃たなかった」派、「撃てなかった」派、両方から出てくるんです。例えば③の仲間を助けようとする残雪の姿に感動した、にしても、どちらの立場からも、自分の考えを正当化するための根拠や理由付けができる。もちろん、お互い絡み合っているところから出てくるから、教師がしっかり価値付けをしてあげる必要がありますね。

子どもたちは、必ずどちらかの立場に立って、その理由を書くわけです。そしてとうとうと述べるんです。だけど、全体の学習を通して、「撃たなかった」のか、「撃てなかった」のかを、もう一度振り返らせると、友達の説得力のある意見を聞いて、自分の立場を変えるということが出てきます。そのこと自体を、僕は全員参加の授業だと捉えているのですね。

「話さなかった」と「話せなかった」、この違いは大きい。（長崎）

登場人物の心情を直接訊ねてはいけない

長崎　僕が思うに、子どもは文脈の中で根拠を見付けていくというか、子どもたちなりに文章の底に沈んでいるものを取り出せる。それは、子どもの力を信じているということなんだと思います。だから、そういった子どもの力を引きだすように、考えさせてあげたい。自分でも考えるし、友達の意見を聞いて、「ああ、そうなんだ。こういう考えもあるんだ」という、自分にはなかったものに触れる、その切り口として、判断を促すような問いもあり得るということです。

そこに僕が一番こだわっている、「登場人物の心情を直接問わない」理由があります。直接気持ちを訊ねたら、子どもたちの思考は極端に落ちますよ。僕はそう思っています。登場人物が出てきて「このときどんな気持ちだったか」、また次の場面で「このときどんな気持ちだったか」と心情を直接問うだけなら、はっきり言って教材研究なしでもできる。

桂　間接的に問うことで、人物の心情を確認するということですか。

長崎　間接的、というのはちょっと違います。例えばAとBという人物がいて、Aの気持ちを問いたい。しかし記述がないから「Aがどうしてこういうことを言ったのか」とは直接聞けない。でも、「BはAの言ったことをどう聞いたのか」と訊ねることはできます。そうすれば、Aという人物の気持ちも考えることができる。これが、私が考える「間接的に問う」ということです。

ただ、「直接問わない」というのは、それだけではないんです。例えば、「このときのAの心の色を、赤と青の色鉛筆を使ってハートに塗りましょう」という問い方をすると、「赤がベースだけど、こういう言葉が入っているから、ブルーも点在しているのではないか」といった、子どもたちなりの表現が、バラエティーに富んで出てきます。こういった問いも生かしたいのです。「撃たなかったのか」「撃てなかったのか」の問いも、これと同じです。

直接問わないやり方だと、「このときどんな気持ちですか」「悲しい気持ちです」のような、ステレオタイプ的なやりとりはありません。その微妙なところを掘り下げたいんですね。

桂　この場合、「撃たない」と「撃てない」の違いについては、どうお考えですか?

長崎　「撃たない」というのは、積極的に撃とうとしなかった。他方「撃てない」というのは、こんなことをしたら卑怯なのではないかというような……気持ちとしては撃ちたかったんだけど、敢えて撃つことができなかったという。

桂　「撃たない」ほうが主体的ですよね。「撃てない」は、向こうの状況に応じてこちらが動いている、ということになりますね。

長崎　そうですね。先ほどの授業の中でも、「『撃たなかった』と『撃てなかった』と、どう違うの?」と子どもたちに聞いたところ、ある子どもが、同じような解説をしていましたね。

桂　この二つの違いの、ポジティブさの加減は、整理して返してあげたいところですね。

長崎　その時印象的だったのが、ある一人の女の子が最後までずっと悩んでいたんですよ。よくできる子なんですが、「何で悩んでいるの」と聞きにいったんです。すると、「撃たなかったというのも分かるんだけど、何か撃てなかったというのも分かる気がする」と。ワークシートの「撃たなかった」の方に丸を付けては消して、悩んでいる姿が美しいな、と僕は思ったの。

答えがないんだから、我々でも迷うじゃないですか。肩から「じゅうを下ろした」としか書いていないのだから、撃たなかったのか、いや、撃てなかったのか、どちらが正しいとはいえないけれど、大造じいさんの気持ちを考えると、撃たなかったのかと撃てなかったのかとは、やはり違いますよね。そういった学びを、まさに国語として、語感的に、こういう物語を通して学べたら素晴らしいと思いますね。

「脇役」が物語を動かしている

桂　「大造じいさんとガン」といえば、ある小学校の模擬授業形式の検討会で、ハヤブサと雁の戦いの動画がＹｏｕ Ｔｕｂｅにアップされているのを見せてもらったんです。本当にすごいですよ、ハヤブサは。時速400キロで飛んで、全然見えないんです。衝撃的でした。

長崎　え、それは実際の？

桂　はい。ハヤブサに対して、ガンは水鳥じゃないですか。動画を見たら、えーっ、残雪はこんなやつと戦ったのか、って思いますよ。

人物の気持ちを考えるということは、結局その周囲の状況をどう捉えるかということです。だから、そのハヤブサの映像をみたら、場面の印象はかなり変わります。ハヤブサの実際の姿をみることで、「残雪は、本当にすごいやつだ」と改めて思いますよ。

長崎　われわれはそういうところを、すごくないがしろにしてきたなあという感じがする。例えば僕は「たぬきの糸車」について、昔から「たぬきとおかみさんの話」だと思い込んでいたんです。確かに、間違いではない。でも、2、3年前にふと**「木こりが罠をしかけなかったら、この物語は全然面白くないな」**と思ったんですね。

この木こりは、一言もしゃべっていないし、罠をしかけたと書かれているだけです。それをおかみさんが、「かわいそうに、たぬき汁にされてしまうから逃がしてやろう」となるわけですよ。そうなると、書かれていないけれど、その夜おかみさんと木こりの間でやりとりがあったかもしれない。「たぬきが今日罠にかかっていたから逃がしてあげたよ。あんなかわいそうなことをするもの

> **ハヤブサを映像で見たら、「残雪は本当にすごいやつだ」と改めて思いますよ。**（桂）

じゃないよ」「なんでおまえは、あんないたずらばかりしているやつを逃がすんだ！」のような。それから、たぬきが糸を紡いで束ねていったのをおかみさんが見て、たぬきが踊りながら帰っていった場面。その姿をおかみさんと木こりが見て、どんな話をしているだろうかという想像もできる。もしかしたら木こりの「おまえが助けてあげたからよかったかもしれないな」といった考えが出てくるかもしれない。

桂　僕なりの解釈を話してもいいですか。長崎先生とちょっと違うかもしれませんが。

山奥の一軒家で二人しかいませんし、おかみさんはもちろん、きこりが罠をしかけたことを知っています。どんないたずらをされたか知っているから、おかみさんも、それこそたぬきのことは憎んでいた、あるいはたぬき汁にして食べてやるつもりだった、と思うんです。でもたぬきが糸車をまわすまねをみて、「いたずらもんだが、かわいいな」と感じて、罠を外してやる。そして、最後の糸のたばを積んであるところや、糸を紡ぐ場面をみて、おかみさんが「もしかしたら恩返しでやっているのかもしれないな」と思う話だと解釈しているんです。

だから、おかみさんも木こりと同じようにたぬきを迷惑だと思っていたんだけれど、それでもたぬきを「いたずらもんだが、かわいいな」と思うようになる、という気持ちの変化があったのではないか、そう思っているんです。

長崎　最後の部分の捉え方は必ずしも同じではないですが、おっしゃる通り、おかみさんも「いたずらもんだが、かわいいな」というくらいですから、たぬきのいたずらは分かっているはずですね。でも、たぬきをつかまえるということは、殺す、「たぬき汁にしてしまえ」ということになる。このことは木こりから聞いているはずです。その上で、おかみさんはたぬきを逃がすし、たぬきは最後の場面でおかみさんに糸を紡いでいるのを見られる。だからこそ、おかみさんとたぬきの物語なんだよね。

たぬきとすれば、最後の糸を紡ぐ姿を見せたかったのか、それとも見られてしまったのか。わざと見せて恩返しだったと考える子もいるし、たまたま見られてしまったと捉える子もいる。だから、「たぬきはおかみさんに恩返しをしたのか」という聞き方は、自分は死んでもしたくないわけですよ（笑）。確かに恩返しという形にはなっているけれど、そう聞いてしまったらただの誘導です。見られてしまったのか、見せたかったのかという問いを、子どもがどう判断していくのか。「判断をうながす」というのは、そういう物語の微妙なセッティングをもとに、子どもが考えていける問い方なんです。

桂　もちろん、私も「恩返しなのか？」という訊ね方はしませんよ（笑）。「おかみさんがしていたとおりに」やるくらいだから、大好きなおかみさんの真似をすること自体が楽しかったのかもしれません。恩返しは、あくまでも一つの解釈です。

長崎　さっきも言ったとおり、いま僕が考えているのは、これまでの文学の授業で、主人公・主要人物以外のことがないがしろにされてきたのではないか、ということです。

作家の宮本輝が去年出したエッセイ集に、こんなことが書いてあります。彼がいままで出版した作品は百数十冊あって、いままで主人公以外の人間をどれだけ書いたのか、数えてみたくなった。そこで、短編も含めて数え始めたんだけれど、何作か追っていくとしんどくなったのでやめてしまった。でも、それらを決しておざなりにはできないという。

通りすがりの名のない人ではなく、私がその小説に必要として名をつけた人間は、たとえ一回だけ登場し、わずかひとこと喋っただけにしても、その瞬間、私はその人になっている。女であろうが子供であろうが老人であろうが、私はその人に憑依する。努力してなり切ろうとしているのではなく、ごく自然にそうなってしまうのだ。(宮本輝『いのちの姿』集英社、2014、61ページ)

この、作品を生み出す作家の言葉は重いですよ。どの人物であっても、作品の中に登場させないといけない必然性・価値があるということなんです。

われわれは常日頃、視点論を基本に、人物を視点人物と対象人物とに分けて、視点人物ばかりに焦点化しています。なぜかというと、その人物の心情の変化を読ませるからです。でも、気持ちを問うにしても、その周辺の人物から問うことだって可能なんですね。どちらにしても、書いていないことを想像するという点では同じなわけですから。

だけど、どうして視点人物に焦点を当てるかというと、先ほど桂さんがおっしゃったように、気持ちの変化があるからでしょう。だから、視点人物の気持ちをそのまま訊くのではなくて、ほかの人との関係性を読んだり、論理的に読んだりすることを大事にしたいと思うんです。そういった点で、本文でも触れた脇役の存在などが出てくることになるんですね。

桂　そうですよね。用語としては、視点人物と対象人物、という言い方ですか。

長崎　私は、**「視点人物（中心人物）」**、**「対象人物（周辺人物）」**というように考えています。

作品を通して「読み方」を教える

桂　いま話題に挙がった「心情の変化」から、ちょっと掘り下げたいと思います。文学では、視点人物の心情の変化を見るということが大事で、ひいては、教師抜きでも心情の変化を読むことができる子を育てるというのが、国語教育ですよね。

長崎　そうですね。

> 主人公の気持ちは、周辺人物を通して問うことができるんです。（長崎）

桂　授業はあくまでもきっかけであって、授業を終わっても自分で読み進めていく、ひいては読むことが好きになる、というようなことが一番大事だと思います。

ここまで、判断で仕掛ける、補助発問をする、読みが深まる、ある程度の落としどころをつくっていくというお話しがありました。こういった、教材についての読みの深まりからさらに、それ以外の文章も読める子どもを育てることが、国語の目的になると思います。授業で学習したことを一般化できるようにする、つまり、「読み方」を教えることが必要なのではないか。ここで言うと、「心情の変化」の読み取り方を学んで、自分なりに小説や作品での人物の心情の変化を読むことができるようになるということです。いかがでしょうか？

長崎　僕もそう思いますね。いま指導に入っている小学校の研究授業で「海の命」を参観したときのことですが、担任の先生が「海の命」を最初範読したところ、ある子が一言、こうつぶやいたのです。「先生、これ、最後の場面の前から三行はいらないんじゃないか」。つまり、太一が結婚して男二人、女二人の子どもをもうけた、母が美しいおばあさんになった、という三行がいらないんじゃないかというんですね。

後で、どうして子どもからそういう問いが出てきたか、担任の先生に訊いてみたんです。すると、今までの説明文の学習などで、この段落は要りますか、要りませんか、とやってきたそうなんです。だから、この子は今回も同じ考え方で読んだ。子どもたちが、文学での読み方にも応用していたんですね。学び方を教師側が教えないといけないし、子どもたちには学び方を学んでほしい。

やっぱり僕はそう思いますね。

桂　例えば、長崎先生はご存じだと思いますが、私はこのような、習得すべき読み方を提案しています（次頁図1「文学の読みに関する学習用語の系統（試案）」を参照）。縦軸が文学の読み方で、①作品の設定　②視点　③表現方法　④中心人物の変化　⑤主題という、文学の読み方、捉え方ですね。それを捉えるために、1年から6年までの6年間をかけて、読みの技術や用語を教えていくんです。この表にあるような、読み方の系統性を踏まえつつ。

長崎　以前、ご紹介頂きましたね。

桂　そうです、そうです。

長崎　いま現場では、⑤の主題は教えているんですか？

桂　私は教えます。私のかかわっている学校も教えています。それ以外にとなると、ちょっと分からないですね。

長崎　本文でも述べましたが、「主題」というのが小学校の前々回の学習指導要領からなくなって既に、20年近くなります。中学校でも、平成10年まではあったから、なくなってもう10年近くなります。でも、文章の主題を考えさせる授業は、時折見ますね。僕自身は、主題を考えさせること自体は悪くないと思いますが。

桂　先ほどの「海の命」での家族愛のようなこと、太一の成長の証、そういったものは、実のところ主題を捉えることと同じですよね。

長崎　そうですね。ただ、区別したいのが、主題というときに何を指すかです。この作品の主題は何かについて、教材研究の段階で、教師は当然考えますよね。他方、一般的には、この作品で作者は何を言いたかったのかというのがストレートな主題とされます。

でも、そういうふうにまとめるものではない。主題は何かと訊くとして、何を答えとすればいいのかが、必ずしも明確ではないのです。それが一番厄介で。

桂　読者論的立場に立つと、どういうふうに主題を捉えてもよいはずです。先ほども言及しましたが、心情の変化から主題を読むとか、題名の意味から主題を読むとか、結末の意味から主題を読むとか、そういった読みの観点を増やしていくことは大事なはずです。これは、ただ思いつきでの感想ではなく、論理的に読むことですから。

私はできるだけ、このように読み方を一般化して教えたいと思います。ある文学教材の授業で使った心情の変化の読み方を、他の文学作品でも活用して読む、といったような。そのために、例えば「注文の多い料理店」の結末で、紳士の顔がクシャクシャになって、もとに戻らなかったという描写がありますよね。この描写から、宮沢賢治の伝えたいことを読む経験が、他の作品の読みにもつながる。先ほどの話にあったように、「海の命」も、結末の意味から主題をとらえることができますよね。結果として捉えた主題は、子どもそれぞれで違っていていてよいのですが、着

	1年	2年	3年	4年	5年	6年
①作品の設定	○時 ○場所 ○登場人物 ○事件(出来事) ○場面	○あらすじ ○人物像	○起承転結(設定・展開・山場・結末) ○ファンタジー ○読者	○時代背景 ○場面の対比	○登場人物の関係 ○額縁構造	
②視点	○語り手 ○地の文		○立場による見え方の違い	○視点 ○視点の転換	○視点がわかる表現	○一人称視点 ○三人称視点
③表現方法	○会話文（言ったこと） ○地の文 ○行動描写（したこと） ○くり返し（リフレイン） ○気持ちの言葉 ○音みたいな言葉 ○音の数 ○リズム	○人物の言動 ○比喩 ○体言止め ○短文	○心内語 ○情景描写 ○擬態語・擬声語 ○擬人法	○色彩語 ○五感の表現 ○記号(ダッシュ、リーダー)	○心情を表す表現の整理 ○物語的表現・説明的表現 ○呼称表現 ○方言・共通語 ○受身表現	
④中心人物の変化	○中心人物 ○気持ち ○様子 ○気持ちの変化への気付き	○気持ちの変化の理解 ○物事の意味の変化	○はじめ・きっかけ・終わり ○内面だけの変化	○心情 ○行動と心情が相反する変化 ○登場人物の関係の変化 ○きっかけの役割	○登場人物の関係の変化 ○見方・考え方の変化	
⑤主題	○物語 ○題名 ○作者 ○好きなところ ○似ているところ ○自分の経験	○感想	○自分の行動や考え方に重ねて読む	○読後感 ○象徴	○中心人物の変化から主題をとらえる	○複数の観点(中心人物の変化、題名、キーセンテンス、結末)から主題をとらえる

図1　文学の読みに関する学習用語の系統（試案）

目の仕方そのものは大事だと思います。それは指導すべきことなのではないかと考えています。

長崎　基本的には賛成ですが、「作者の伝えたいこと」には、ちょっと留意が必要です。僕は、「作者の意図」はできるだけ問いたくないんです。なぜかというと、作者の意図と読者の読みは、やっぱり違うからなんですよ。

それを痛切に感じたのは、友人の宮本輝と泊りがけで話した時のことです。その頃『焚火の終わり』という小説が出たばかりで、それを読んで、旅館で何人かで酒を飲みながら、「輝さん、久しぶりに『焚火の終わり』はハッピーエンドですね」と感想を伝えたんです。すると、「長崎、あれがハッピーエンドか?」と。僕はびっくりしたし、ほかにいた友達も、「えっ、輝さん、あれはハッピーエンドじゃないの?」と聞いて。結局、輝さんは「まあまあ、いいけど」となるわけです。内容としては、異母兄弟だと思っていた2人が恋愛関係に陥って、2人のルーツを探りに行くような作品だったんだけど、僕は「ハッピーエンドじゃない」と言われたのが納得できなかった。その後何回か読み返して、作品論としても書いてまとめましたが。

このときに実感したのは、明確に、**僕らの読者としての読みと、作者の意図とは違う**ということでした。主題を捉えさせたときに、「作者の意図は」といっても、作者の意図と一致するか分からない。だから、主題を捉える、といっても、それを教師から押し付けたり、指導書に書いていること=主題になったりするのは嫌だし、つまらないと思うんです。主題を考えさせることには意味があると思うんですけど、どこに着地させるのかということが実に難しくて。

桂 私も今のお話には賛成で、主題を取り扱う時に、共通させたいのは結論・着地点ではありません。全員に対して「これが主題だよね」と共通させることはしません。十人十通りでも、もちろん良いです。**全員に共通して教えたいのは、読み方**です、どのように注目して読むことが、作品の主題をとらえることに通じるのかということです。本文第3章での「大造じいさんとガン」のご提案も、私は主題に通じるような授業だと思いますし、もう一段階、子どもがそれを他の作品で使えるように一般化して活用できるように指導したいと思います。長崎先生もそうでしょう。

長崎 確かに、そういうことは大事にしなければいけないと思います。物語の読み方なんて、一般的な授業だと教えてもらうこともなく、ふわっと感想を言ったり、登場人物の気持ちを聞いたりして終わっています。一方、説明文では、要点や要旨や要約、段落、こういった形式的なことばかり教えるような印象があります。僕は、むしろ逆ではないかと思うんですね。説明文ではもっとおおらかに扱ってもいいし、文学はもっと論理的に扱ったほうがいい。

文学はこう教えなきゃいけない、説明文はこう教えなきゃいけない、というふうに考えすぎてしまっているのではないかと、僕は捉えているんですね。だから、こういった系統指導の事項が文学にはあってしかるべきです。

桂 こういった、読みの論理を教えて、子どもたちが使えるようにしてあげたいなと思うんです。

全員に共通に教えるのは、読み方です。（桂）

もちろん繰り返し学習などではなく、子どもたちがそれぞれの教材で問題解決することによって、「なるほど、題名に注目したほうがよく読めるな」とか、「気持ちの変化を読むと面白いんだな」とか、言わば**メタ認知的な読み**を習得して、他の場面や文章の読みにも使えるようにするということですよね。

今、私は一年生の担任ですが、毎日「さっちゃん劇場」と題して読み聞かせをしています。最近クラスで流行っているのが、「マイナスからプラス」というものです。表紙をまず見せて、「どんな話だと思う?」と訊ねてから、読み始めていきます。読んでいると、「あっ、マイナスだ」「あっ、ここでプラスに変わった」なんてつぶやきが出ます。子どもたちは、まだ無意識ですが、中心人物の心情変化の読み方を使って読んでいるんです。読み聞かせの後には、自由に感想交流をする先生もいると思いますが、私は、それに加えて、読み方や感想のもち方を少しずつ身につけていけるように指導しています。

今はまだ、子どもたちの中ではっきりと整理されてはいませんが、今後、中学年、高学年に進むにつれて、使える読みの力として発展していくと思います。

長崎　今回取り上げた作品でも「スイミー」なら「明・暗・明・暗・明」となっていたり、「お手紙」だと、喜怒哀楽で分けていくと、哀から始まって、怒・楽・喜、という一つのパターンをとっていたり、それとよく似ていますね。

つまり、物語には悲しいこともあるし、楽しいこともあるし、本当に腹立つこともあるし、という、どういう展開になっているかということを、まさに構造として学ばなければいけないのかな、と思いますね。意外と、そういった構造を捉えないまま教材研究をしていることも多いようです。

一次〜三次のつながりを大事に

桂　今回のコーチングでは、教材解釈、個別の発問・板書の話が中心でしたが、単元レベルで文学の授業をつくることについて、どうお考えですか。つまり、一次〜三次で単元をどう構成していくのか、ということです。

長崎　僕が最近考えているのは、「単元を貫く言語活動」は、よくよく注意しないといけないということ。というのは、単元を貫く言語活動は、まず三次ありきですよね。三次ありきの中で、その三次に着地点を持ってこようとすると、往々にして二次が活性化しない。

そうなったら、本末転倒じゃないですか。やっぱり二次が活性化しないと、単元としては面白くない。三次は基本的に表現で、習得・活用でいったら活用という部分にあたります。二次の中で表

> 三次ありきで、二次がつまらなくなってしまったら、本末転倒ですよ。（長崎）

現する部分があったら、極端にいうと、三次は、ある意味ではあってもなくてもいいとさえ思います。もちろんこれは極論だから、一次、二次、三次をデザインする時には、二次と三次とのつながりを大事にしたい。

例えば、「ヒロシマのうた」でいうと、手紙のやり取りがまさにキーワードで、それが作品のすごくいい仕掛けになっています。育ての親のお母さんから手紙をもらって、その手紙を返す、その手紙を最後にヒロ子に返す、そういった活動を、二次の最後にやるのか、三次でやるのか。

そういった検討とは別に、三次で急に「音読大会をしよう」なんてやっても、取って付けたようですよね。そうではなく、スムーズに学習と連動するような単元をつくりたいなと。

桂　一次から二次、二次から三次へのつながりで、子どもがやってみたくなるような学習活動の必然性があるといいですよね。

長崎　そうそう。

桂　しかも、読むことの力が連続できるように。

長崎　そうです、僕はそう思います。

説明文でも同じです。４年の「ウナギのなぞを追って」という教材がありますよね。僕は、あの教材文は基本的には、「推理」だと捉えているから、三次には算数の文章題を挙げるんですよ。四年生の全員ができるような文章題を書いて、「この問題は、こういうふうにすれば解けるはずです、推理、予想してみてください」と。もしそれを立式すると、式で例えるとしたら、こういう式になる。その式が、子どもの考え方によって変わってきますよね。それを表現させていきます。こんな風に、二次でやったことを三次にそのまま応用できるような単元構成が、理想なのではないかと捉えています。三次がとってつけたようになるのは、なんとか避けたい。

桂　私の場合、一次では中心教材に関する内容への関心をもたせ、すらすら音読できたり、単元の大まかな見通しや見解がもてるようにします。そして二次では、中心教材で読解活動をする中で、人物の心情を読み取るだけでなく、その読み方も学ぶような活動を二次までに行います。さらに、三次ではその読み方を使って、習得や活用を目指すというふうにしています。

例えば「大造じいさんとガン」の二次で学ばせたい読み方は、作品の設定、心情の情景描写、中心人物の変化です。二次では、「この物語は何年間の話かな？」と考えさせることを通して、いつ、どこで、誰が何をしたという作品の設定を確認するなどした上で、「大造じいさんとガン」についての研究ポスターを、一人ひとり作ります（写真1）。

実はこの研究ポスターは三次の練習にあたります。三次では、他の椋鳩十作品のポスターを、自分で作品を選んで作ります。一次では、他の椋鳩十作品の並行読書も始めておきます。それをもとに、三次では、それぞれが選んだ作品について、登場人物の関係、視点、情景描写などの表現技法、中心人物の変化、主題を考えてまとめます。

長崎　三次では、二次の研究ポスターをつくる経験を生かして、自分なりに作っていくということですか。

桂　そうです。二次のうちに「大造じいさんとガン」で一度練習して、三次では別の作品でもやってみるというわけです。

長崎　なるほど。それなら二次と三次が連動していますね。二次もやっぱり面白くないといけないし、三次につながらないといけない。目的感がはっきりしているのがいいですね。

桂　二次もただの練習ではなく、例えば「残雪のおれ読みは、なぜ変なのか?」と考えることを通して、視点人物をよりはっきり理解する、という問題解決的な学習にしています。

長崎　なるほどねぇ。今でもよく覚えているんですが、桂さんが山口大学教学学部附属山口小学校にいたころ、「エルマーの冒険」という教材で、三次で作文に転移する授業をしたんです。エルマーがトラに遭遇してしまって、逃げるためにいろんなことを考えるんだけど、「エルマーが自分

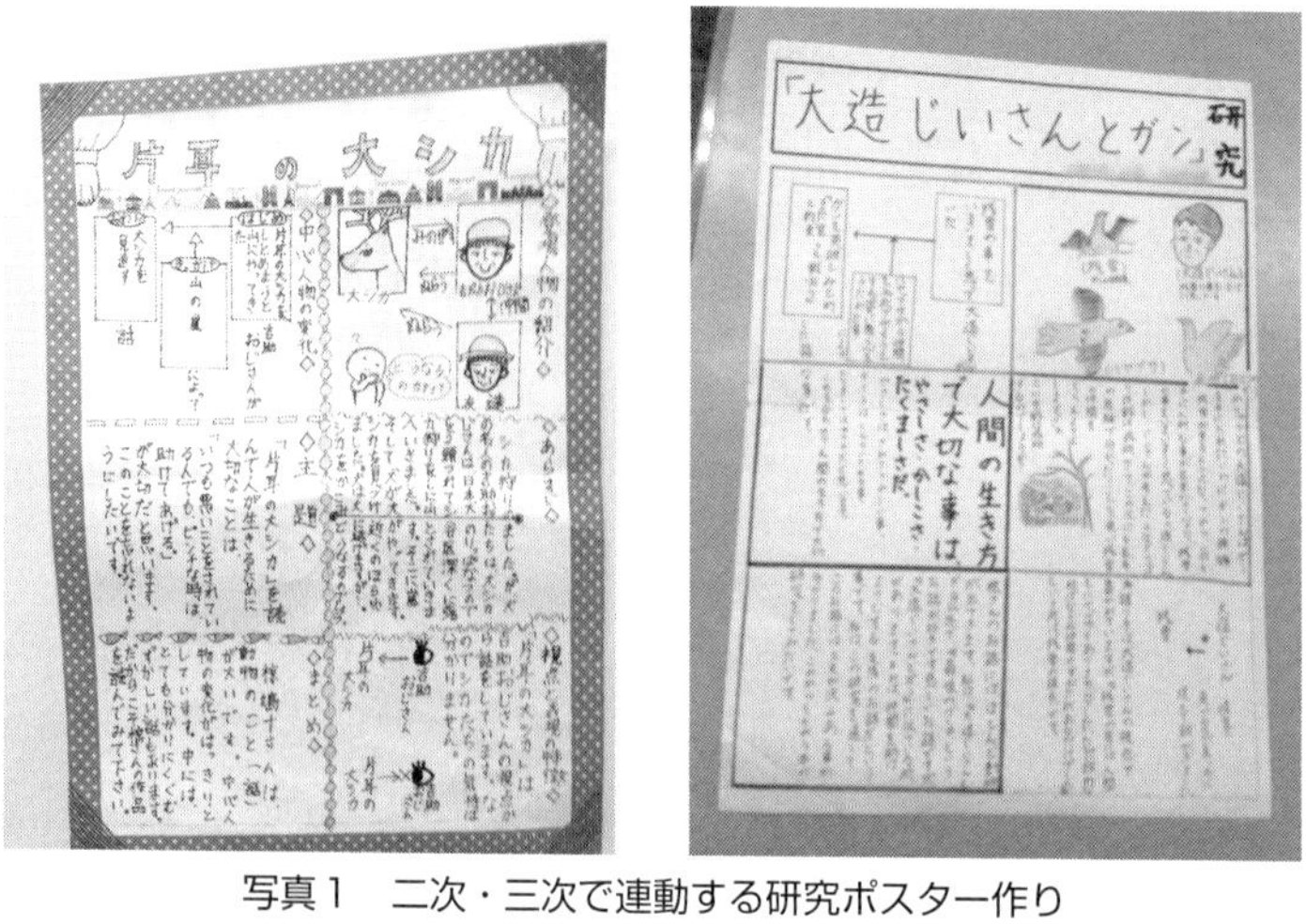

写真１　二次・三次で連動する研究ポスター作り

だったらトラから逃げるためにはどうするか」を自分なりに考えさせる。それを二次でやって、三次では最終的にはそれを作文に書かせて、自分で冒険物語をつくらせたんです。

桂 自分で冒険物語を作る、という学習課題でした。冒険というものは何かピンチにあって、それを智恵で解決する場面がある、という構造を、二次で意識させたんですね。そのうえで、自分の表現で冒険物語を書かせた。

長崎 実を言うと、僕はちょっと批判的だったんですよ。でも、実際に授業を見に行ったら、すごく面白い。二次と三次とが連動していて、読み物教材から作文にうまく転移されている。だからああいうことも、一貫した思想を持っていたら、できるということなんでしょうね。

発問には仕掛けを盛り込んで楽しく

長崎 本文でもふれましたが、仕掛けを入れた発問のバリエーションを整理していくことを、今、考えています（図2）。

例えば解釈を問う発問だったら、「がまくんとかえるくんでは、どちらが幸せか」と比較させたり、どのくらい幸せか、をスケーリングさせたりする。ほかにも、「もしも○○でなかったとしたら」と仮定させて考えたり、「隠れた部分に言葉を入れるとしたら、どんなことが適当か」と考えさせたりとか。

桂　実は、ある教科書の「学習の手引き」には、長崎先生がこれまで考えられてきたことが掲載されているんですよね。例えば、「なぜ、この順番で文章が並んでいるんでしょうか」と考えるもの。

長崎　そうそう。あと、これは説明文なんだけど、ある教材文について「この文にははじめに問いがありません。もし問いを入れるとしたらどんな問いが考えられるでしょうか」というのも載っていました。これは問題提示のないものに問題提示を作るという、問いのバリエーションです。

桂　私も「隠れた問い」という言い方で、教えることがありますね。確かに、長崎先生が最初

【解釈を問う発問】
A）どちらが○○か…？　↓その根拠と理由は…？
B）どの程度か、どれくらいか…？（スケーリング）↓その根拠と理由は…？
C）一番はどこ（どれ）（だれ）か…？　↓その根拠と理由は…？
D）どの順番か…（順位は…）？　↓その根拠と理由は…？
E）どんな音が聞えるか、どんな色が見えるか…？　↓その根拠と理由は…？
F）どう読めばいいのか…？どう聞えてきたか…？　↓その根拠と理由は…？
【論理・関係性（つながり）を問う発問】
G）どちら（どれ）が適当か…？　↓その根拠と理由は…？
H）○○に、どの言葉を入れるのが適当か…？↓その根拠と理由は…？
I）もしも、○○でなかったとしたら…？　↓その根拠と理由は…？
【教材を「評価」する発問】
J）いるか・いらないか…？（よかったのか・よくなかったのか）↓その根拠と理由は…？

図2　「判断」をうながす「仕掛け」のバリエーション
（近刊『「判断」をうながす文学の授業』（三省堂）参照）

に提案されたやり方ですね。

長崎　問題提示が書いていないんだけど、実は問題提示を含んでいるように考えさせるんです。20年以上前に実践してまとめていたことが、いまや教科書に掲載されている。あと同じように説明文で「この段落はあったほうがいいか、ないほうがいいか」というのも掲載されていました。文学でいうと、「ちいちゃんのかげおくり」の最後に現在の場面がありますよね。あの場面が、あるのとないのとではどう違うか、なんて問いも掲載されていたりしますね。

桂　もともとの提唱者が長崎先生というのが分からないレベルで、取り組みが広がって、こういうふうになったのかもしれません。それに、PISA の調査でも近い形の出題があったり、全国学力・学習状況調査でも出題されていたりしますよね。こういった手法への関心が高まっているということでしょうね。

長崎　僕が『新しく拓く説明的文章の授業』（明治図書出版）なんかで、「この段落はいらないんじゃないか」と問うとか、「問題提示がなかったら作っていくようにしよう」という提案を、発表したりまとめたりしていったことが懐かしいです（笑）。

こうやって、結果としては広がっているんだけど、誰が提唱したのかは、もうほとんどわからなくなっていると思うんですよ。例えば、全国大学国語教育学会に参加する先生方も、今はもう実践者の方が多いくらいです。実践発表もすごく多い。それ自体はいいことなんだけど、研究の歴史がだんだん意識されなくなりつつあるのは寂しいですね。これまでの研究を踏まえて、実践に生かしていくといったことを大事にするということが広まっていけば、もっといいんですけどね。とはいえ、多くの先生方が、そうとは知らないでも、僕のやり方を使ってくれていること自体はやはり喜ばしいです。時代がかわってきたな、と思いますね。

桂　やはり、これまでの研究をきちんと引用して、蓄積を踏まえないといけないですからね。そういった意味で、私たちは、これまでの国語教育の取り組みを理解したうえで、実践していく必要がありますね。本日は、そういったこれまでの国語教育研究からつながる、長崎先生のお考えをお伺いできたと感じています。ありがとうございました。

対談を終えて

また刺激を受ける

長崎先生との対談では、「海の命」の教材研究が主な話題になりました。「母」の存在を改めて取り上げる教材研究の奥深さ、「太一は、本当に話さなかったのか、それとも話せなかったのか」という発問による思考の活性化、周辺人物を通して中心人物の心情を想像するという斬新さ。「なるほど、そうか!!」と思うことばかりでした。長崎先生の話は、いつも国語教育の最先端です。いつもながら、すごいなあと刺激をいただきました。

人生が変わる

ここでは、メインの著者である長崎先生とサブの私との関係について、少し紹介しておきます。

長崎先生との出会いは、ちょうど20年前。国語教育探究の会中国支部の第一回定例会（立ち上げの会）で、ご一緒したことがきっかけです。その頃の先生は、大阪府の公立小の教頭職を辞して、年度途中の人事で、山口大学助教授として着任されたばかり。相当、忙しかったでしょう。にもかかわらず、すぐさま、山口県において国語科の実践で活躍されていた尾川佳己先生（当時山口大学教育学部附属光小学校教諭）と一緒に、国語教育探究の会中国支部を立ち上げられたのです。

その第一回定例会の雰囲気は、今でもよく覚えています。参加者は、10人前後なのに、来てくださった講師は、中洌《なかす》正堯《まさたか》先生（元兵庫教育大学学長）ほか、すごい方々ばかり。でも、私が覚えているのは、話の内容ではなく、参加者全員に配られた煎餅のこと。緊張していたのか、煎餅をかじる音が、会場全体に響く感じがして、とても嫌でした。「俺も、音が鳴らないように、つばで湿らせてから食べたよ」と、一緒に会に参加した中村正則（大学時代の同期。現山口県周南市立徳山小学校教頭）も言っていました。その後、この会には、中村と同じように、同期の香月正登（現下関市立安岡小学校教諭・探究の会中国支部事務局長）も加わりました。長崎先生が仕掛けてくださった研究会によって、中村、香月、私の三人（大学時代のやんちゃ三人組）は、国語授業の研究にどんどんハマっていくことになります。

翌年の4月、運命なのか、私は、山口大学教育学部附属山口小学校に着任しました。長崎先生には、その研究発表会のたびに指導助言を仰ぐことになります。ある反省会の席上で、長崎先生が私にこうおっしゃいました。「桂さん、この夏、一緒に東京に行かないか。東京では、日国（日本国語教育学会）や全国大学（全国大学国語教育学会）がある。山口だけでは、井の中の蛙。外の世界を見てみなさい」。いざ東京に出てみると、本を書いている人が、そこらで普通に歩いているではありませんか。もうミーハー気分。いやあ、東京ってすごいところだな…。そう思っていたら、あらら偶然やご縁が重なって、今では東京の筑波大学附属小学校に勤め、国語授業の修行をしています。長崎先生の、あの一言がきっかけで、その後の私の人生が大きく変わったのです。

太一にとっての「父」

長崎先生には、特に、説明文の学習指導について学びました。説明文の系統指導や、教材の特性を生かした指導。また、私事ですが、数え切れないくらい飲みに連れていってもらいました。「人を育てる」「金は人のために使う」「コンプレックスこそが、エネルギー」「研究的視点をもって授業をする」などの数々の名言。先生の言葉は、私を支えています。

長崎先生は、私の師ではありません。先生を師と呼べる人たちは、山口大学や創価大学で指導を受けた人たちだと思っています。先生は、師ではなくて、私にとっての「父（人生のメンター）」なのです。ある時は叱ってくれて、ある時は励ましてくれる。生き方のモデル。授業者・研究者としても、乗り越えたい目標です。そうです、あの「海の命」で描かれていた、太一にとっての「父」なのです。しかし、太一もそうだったように、未だに先生を乗り越えられていません。私もかなり勉強して挑戦している方だと思いますが、先生は、それ以上に日々挑戦し日々レベルアップされているからでしょう。まだまだ乗り越えられない「父」の存在としての長崎先生。私は、「太一」のようにクエを撃つことで乗り越えるのではなくて、私らしく、先生とは違った視点から乗り越えたいと密かに思っています。それこそが、先生への「恩返し」だと思いますから。

今後は、本書の第二弾として、桂がメイン、長崎先生がサブで、『説明文の教材研究コーチング 桂 聖 × 長崎伸仁』を上梓する予定です。授業のユニバーサルデザインの考え方をベースにして、説明文教材研究の方法をまとめたいと考えています。長崎先生、お世話になった方々、そして子どもたちから私が学んできた「全てを惜しみなく」出して、少しでも面白くて役に立つ本になるように努力いたします。

最後になりましたが、長崎先生との共著を世に出すことができた幸せに、心から感謝致します。

桂 聖

あとがき

桂さん（堅苦しくならないよう、あえて、普段どおりの呼称を使う無礼をお許しください）と久しぶりに酒を酌み交わしたのは、ちょうど1年前の12月末のことでした。色々と積もる話をしながら、「桂さんと出会って20年になるんだなあ。いつかその内にと思っていたのだけど、一緒に本を出さないかい」と私から切り出しました。

「先生、どんな本にしますか」

「実は、これまでにない文学と説明文の教材研究の本を出したいと思っているんだけど」

「対象は、駆け出しから中堅どころの教員というのはどうでしょうか」

二つ返事で私の提案に乗ってくれたばかりでなく、話は早速、具体的な内容にまで及びました。こうして出来あがったのが、本書というわけです。

思い返せば、昭和50年に小学校の教員になってからはや40年。この間、学習指導要領も昭和52年版、平成元年版、同10年版、同20年版と4度改訂され、その渦のなかで、何とか「子ども達が活き活きとする授業を」、何とか「先生方が手ごたえを感じる研究を」と、がむしゃらに走り続けてきたように思います。

本書に取り組むことが決定したときに、桂さんと確認したのは、「私たちがもっている全てを惜しみなく出し切ろう」ということでした。そのことこそが、私たちが色々な方々から育てられたことに対する「恩返し」だからと。２人にとっての大切な約束事でした。

若い頃の教師修業時代

教師になるつもりではなかった私が、ひょんなことから教師になって、最初に感じたことは、「どうして、こんなにも国語の授業って難しいのだろう」ということでした。学生時代からある同人誌に所属して、作家を志していた私にとっては屈辱的なことでした。だから、上手な先生の授業に出会うと、授業のワザを盗もうとその先生の「追っかけ」をしました。ありとあらゆる研究会にも顔を出し、感じ入ったノウハウを試すのですが、なかなか思うようにはいきません。それならばと今度は、学期に一度か二度、文学教材や説明文教材の単元まるごとを「自主研究授業」と銘打って、Ｂ５一枚程度の本時案を職員室の先生方の机に配り、「少しの時間で結構ですから、見にきてください」とお願いしていました。つまり、実際に授業を見てもらって、鍛えてもらおうと考えたのです。

何年間か続けていたあるとき、初任者研で素晴らしい授業をした教員1年目の女性教員から、「何を言ってもいいのでしょうか…?」と前置きされた後、「先生の授業は、いつ見ても失敗のない授業ばかりです。もっと大胆にやってもいいのではないでしょうか。もっと、子どもの力を信じてあげてもいいのではないでしょうか」と指摘されました。私の欠点を見抜かれていたのです。

これには参りました。初任者の先生から教えられたのですから。情けないやら悔しいやら。しかし、冷静に考えるとまさにそのとおりでした。本文での青年教師とのやりとりでは、「もっと子どもの力を信じてあげても」という言葉を私から発しますが、実は私自身、教員5、6年目くらいのときに、このことを教えてもらったのは、初任者の先生からだったのです。

良き恩師との出会い

教員5年目で転勤し、その2年後に、当時の校長（久島能男《ひさじまよしお》先生）から「念願の低学年を持たせてあげるから、研究主任をやりなさい」と告げられました。その学校では、私が一番若い男性教員だったため、ためらいはありましたが、腹をくくるしかありませんでした。本文に登場する青年教師が、7年目に研究主任を任されたこととダブることになります。

このときの校長先生の「英断」が、結果的に私を変えることになります。それまでの研究教科は体育でしたが、国語に切り変わることになり、それも、その当時、私の大の苦手だった「説明文の研究」を始めるというのでした。桂さんとの対談で話題になった白井勇先生との出会いは、その頃からでした。

白井先生は、中学校の校長を務められた後、短大の先生として活躍されていましたが、要望があれば、いつも授業を公開されていました。その授業内容が実にシンプルで、「説明文の授業というのは、こういうふうに展開すればいいのか」と、だれもが納得する授業を創っておられました。土曜日の午後や日曜日に、白井先生の自宅まで押しかけたときに出合った言葉が、「教材から聞こえてくる声」という名言だったのです。

その後、37歳で兵庫教育大学の大学院へ。恩師は、中洌《なかす》正堯《まさたか》先生。中洌先生を求めたのは、説明文の研究でしたが、既に「歳時記的方法」や「風土記的方法」など、独自の「読むこと」の単元学習を開発しておられました。文学教材の学習指導の新たな視点として「脇役」に着眼し、青年教師と数々のやりとりを展開しますが、中洌先生は既に、「演出的読解方法」を提案され、その手法のなかで、「脇役」も視野に入っていたことを知って、驚かされたのは最近のことでした。

良き仲間・良き教え子との出会い

私が小学校教員になった時代は、民間教育団体が全盛期の頃でした。多くの研究会に顔を出しましたが、結論は、「私は、私の授業を創ろう」ということでした。国語教育の歴史的な流れからすると、私の青年教師の時代は、説明文教材では、「接続詞」や「文末表現」など、形式指導重視の時代だったといえるでしょう。文学教材では、吹き出しが大はやりで、人物の気持ちを直接問う授業がどこの教室でも普通に行われていました。

説明文の研究を始めて、ある日、ふっと浮かんだのが、「教材を突き抜ける読み」という言葉でした。続いて浮かんできたのは、「人物の心情を直接問わない文学の授業」という言葉でした。まさに、「ある日突然」の出来ごとでした。

説明文の研究は、説明文の学習指導の改革だけではなく、その財産は、文学の授業改革にまで及んでいたことに気づかされたのでした。

平成元年に中洌正堯先生と共に立ち上げた「国語教育探究の会」の仲間の木村勝博さんからは、暗黙知を援用した「文章から聞こえてくる音や見える色」などを教えられ、岸本憲一良さんからは、「読み声の交流」という新たな音読の手法を学ぶことになりました。また、ハートマークに色を塗る割合で人物の心情を表現するという手法を、大先輩の佐倉義信先生から教わったのは飲み会の場でした。

そして、何よりも刺激を受けたのは、学部での授業やゼミの学生たちからでした。「思考力・判断力・表現力をともに育てる」というヒントをもらったのは、3年前の学部ゼミの夏合宿のときでした。普段のゼミなどで私は、「板書は立体的であれ」と、板書の在り方について語っていました。年に2回の夏合宿と春合宿では、模擬授業が恒例となっています。あまんきみこの「きつねのおきゃくさま」（2年）の模擬授業でのことです。突然、「食べたいメーター」というスケーリングを黒板に貼り授業を行った女子学生のグループがいました。

きつねは、ひよこ、あひる、うさぎを次々に家に招いてやさしくするが、最後は、決まって「〇

○も、まるまる太ってきたぜ。」という心情が見え隠れしています。そこで、①～⑩のきつねの「食べたいメーター」を黒板に貼り、学習者に「判断」を促したのでした。

そのときは、さすがの私もその意図をはかることができずにいましたが、数日後、きつねが食べたいと思っている度合いは、確かに、ひよこのときと、あひるのときと、うさぎのときとでは違うのではないか、それを判断するのは、読者である学習者ではないのか、と考え始めたのでした。私に新たな研究の視点を与えてくれたのは、我がゼミの学部生だったのです。その女子学生は、現在、鳥取県と東京都で小学校の教員として活躍している藤本由香さんと渡邊望さんでした。もちろん、そのときの非礼を詫び、感謝の言葉を述べたのは言うまでもありません。

恩師から多くのことを学び、仲間から財産を共有させていただき、そして、教え子からも多くの刺激を受け、今の私が存在するのだとつくづくと実感しています。だからこそ、その恩返しは、「全てを惜しみなく」なのです。

桂さんもフリートークの実践や、今や、全国区となった授業のユニバーサルデザインなど、多くの刺激を全国の先生方に提供し、また、刺激を受けているのだろうと思います。共にこういった出版の機会に恵まれた幸運に感謝するとともに、編集作業を積極的に進めてくださった東洋館出版社の大竹裕章様には、心より御礼申し上げます。ありがとうございました。

２０１５年12月　長崎　伸仁

著者紹介

長崎 伸仁（ながさき・のぶひと）

創価大学大学院教職研究科教授、同研究科長。

兵庫教育大学大学院修士課程修了。大阪府公立小学校教諭、大阪府教育委員会指導主事兼社会教育主事、大阪府公立小学校教頭、山口大学教育学部助教授、同教授、同附属光小学校長、創価大学教育学部教授を歴任して現職。国語教育探究の会代表、全国大学国語教育学会理事。

主な著書に、『説明的文章の読みの系統』（素人社）、『新しく拓く説明的文章の授業』『個が生きる国語科学習材の開拓』『「対話」をキーワードにした国語科授業の改革』『表現力を鍛える説明文の授業』『表現力を鍛える文学の授業』『表現力を鍛える対話の授業』（以上、明治図書出版）、『論理力をはぐくむ国語の授業』『新たな学びを支える国語の授業（下巻）』（以上、三省堂）、『文学・説明文の授業展開　全単元（全３巻）』『読解と表現をつなぐ文学・説明文の授業』『「判断」でしかける発問で文学・説明文の授業』（以上、学事出版）などがある。

桂　聖（かつら・さとし）

筑波大学附属小学校教諭。筑波大学非常勤講師兼任。

山口大学教育学部卒業、放送大学大学院文化科学研究科修了。山口県公立小学校教諭、山口大学教育学部附属山口小学校教諭、広島大学附属小学校教諭、東京学芸大学附属小金井小学校教諭を経て現職。日本授業UD学会理事長、全国国語授業研究会理事、国語教育探究の会会員、全国大学国語教育学会会員、日本LD学会会員、教師の知恵.net事務局、光村図書国語教科書編集委員などを務める。

主な著書に『国語授業のユニバーサルデザイン』『授業のユニバーサルデザイン入門』『教材に「しかけ」をつくる国語の授業（文学・説明文）』『論理が身につく「考える音読」の授業（文学・説明文）』『授業のユニバーサルデザイン（vol.1 ～ 8）』『下関発 読解力の「活用」が見える32の授業プラン』（以上、東洋館出版社）、『フリートークで読みを深める文学の授業』『クイズトーク・フリートークで話し合う力』『フリートークでつくる文学・説明文の授業』（以上、学事出版）』、『教科で育てるソーシャルスキル40』（明治図書出版）、『なぞらずにうまくなる子どものひらがな練習帳』（実務教育出版社）などがある。

（2016年1月現在）

文学の教材研究コーチング
長崎伸仁×桂 聖

2016（平成28）年1月30日　初版第1刷発行

著　者　長崎伸仁・桂 聖
発行者　錦織圭之介
発行所　株式会社東洋館出版社
〒113-0021　東京都文京区本駒込5丁目16番7号
営業部　電話　03-3823-9206　FAX　03-3823-9208
編集部　電話　03-3823-9207　FAX　03-3823-9209
振替　00180-7-96823
URL　http://www.toyokan.co.jp
装幀・本文デザイン　中濱健治
印刷・製本　藤原印刷株式会社

ISBN978-4-491-03181-1　Printed in Japan